Economic
Management
经管学术文库

行为股利政策

黄娟娟 著

厦门大学出版社 | 国家一级出版社
XIAMEN UNIVERSITY PRESS | 全国百佳图书出版单位

　　本书是国家自然科学基金青年项目"管理者羊群行为与公司股利政策"（项目批准号：71002041）的最终研究成果，也是国家自然科学基金面上项目"社会制度、法律制度和公司治理"（项目批准号：71172053）、"制度安排与公司资本结构的动态调整：基于交易成本的视角"（项目批准号：71062003）和国家自然科学基金青年项目"公司治理：明线监管、非期望行为与股东价值"（项目批准号：71102060）的阶段性研究成果。

自　序

　　股利政策是财务学研究的经典课题之一,也是现代财务理论历经半个多世纪的发展而未能最终解答的研究难题。传统财务学关于股利政策的研究从"有关论"到"无关论",而后开始逐步放宽 MM 定理的假设,产生了"追随者效应"、"信号传递"和"委托代理"三大理论,但不同的学说各持己见,在揭示了股利政策某方面特征的同时,也留下了许多疑点,迄今为止没有一个理论能够完整地回答所有的"股利之谜"。一方面,财务学家重新审视 MM 定理时发现,传统的股利政策陆续放宽了无税收、信息对称、完美代理人等多项假设,但从未触及理性人假设,忽略了人的行为偏差对股利政策可能产生的影响。Shiller(1984)指出,除非未来的模型考虑了这些影响,否则人们对股利的非理性偏好很难解释;Miller(1986)也认为,在大多数微观决策的蓝图上,行为的因素是非常重要的组成部分,它不应该被忽略,把行为因素引入股利政策的解释有助于解释长期以来的异象。另一方面,股利支付作为资源分配行为,必然存在需求方和供给方。类似追随者效应的传统股利政策都只考虑了股利的需求方,或需求方对支付行为的主观解读,而作为股利提供方的管理者行为背后的主观能动性及其形成原因反而被忽视了。因此,有必要从股利供给方的角度对股利支付进行研究(Baker 和 Wurger,2004a)。

　　近年来,随着实验心理学和行为学的发展,人的行为因素开始被引入财务学领域的研究,行为公司财务的研究逐渐兴起,而从管理者行为的角度研究股利政策也成为当前股利政策研究的前沿课题。

2003 年,Gurtler 和 Hartmann 的论文《行为股利政策》首次提出了"行为股利政策"一词,使之正式登上了股利政策研究的舞台。但遗憾的是,Gurtler 和 Hartmann(2003)虽然在标题这一重要位置提出了"行为股利政策",但文中并未对它的内涵和外延进行研究和拓展,只是指出行为股利政策是行为公司财务的一个组成部分。尽管此后一些有影响的成果(例如 Baker 和 Wurger,2004a、2004b;Li 和 Lie,2005)从行为角度探讨股利政策,但是这些零散的文献也仅就自身角度进行分析,迄今为止尚没有文献将它们概括为"行为股利政策",或者专门针对"行为股利政策"这一课题展开较为全面和系统的研究,而且相关实证分析也没有充分展开,因而经验证据也很少。因此,本书就以"行为股利政策"为题进行相关研究。

本书研究行为股利政策的另一个原因在于,笔者发现了一个之前股利政策的研究从未提及的新异象——我国上市公司的股利"群聚"现象。笔者发现,80%以上的上市公司每股现金股利在 0.2 元以下,以变异系数表示的股利分散程度只相当于同时期美国上市公司每股现金股利分散程度的 1/3。为何会产生股利"群聚"现象?笔者认为,传统股利政策理论无法提出合理的解释,而引入行为因素则有助于分析这些异象产生的原因(Shefrin 和 Statman,1984)。因此,本书通过探讨管理者的行为对公司股利政策的影响,以"行为股利政策"为工具来解释中国上市公司股利"群聚"现象。

本书的研究内容主要包括文献综述、制度背景分析和经验研究。全书共分为八章,各章的主要内容如下:

第一章为导论,介绍本书的研究问题、研究内容、研究框架、研究方法以及主要学术贡献与创新。

第二章对传统股利政策理论的研究文献进行回顾。本章首先回顾了完美市场上股利无关论,然后介绍了现代股利政策理论如何逐渐放宽 MM 定理的某些假设,形成了股利的税收、信号和委托代理三大理论,最后总结和评述传统股利政策理论所面临的挑战。

第三章描述我国上市公司存在的股利"群聚"现象。本章首先提出股利"群聚"现象,然后指出"群聚"现象存在于各个年度,而且具有行业分布不同的特征。最后通过分析指出,西方传统股利政策理论无法解释我国上市公司的股利"群聚"现象。

第四章是行为股利政策的文献综述。本章首先介绍了行为股利政策理论的产生过程,指出目前行为股利政策可能的两个发展方向为股利迎合理论和股利羊群行为理论。然后,分别从股利迎合理论和管理者羊群行为两个角度进行文献评述,为后续的实证研究提供理论支持。

第五章是股利羊群行为与股利"群聚"现象的实证分析。本章的实证检验分成两个部分,第一部分检验了股利羊群行为是否存在,第二部分检验了股利羊群行为产生的原因是否与声誉有关。

第六章是股利迎合理论与股利"群聚"现象的实证分析。本章的实证检验同样分成两个部分,第一部分检验了我国上市公司管理者支付股利时是否迎合流通股东的偏好,第二部分检验了管理者支付股利是否迎合了大股东的现金偏好。

第七章是对行为股利政策理论的联合检验。本章采用 Tobit 模型,把管理者股利羊群行为和股利迎合理论放在同一个模型内联合检验,同时考察"是否支付"与"支付水平高低"问题以克服可能存在的样本选择偏差。本章也是对行为股利政策及其对"群聚"现象解释能力的稳健性检验。

第八章是全书的总结,具体包括研究的主要结论与启示,研究的局限性及未来的研究方向。

本书的主要研究结论如下:

第一,管理者的股利羊群行为可以解释我国上市公司股利"群聚"现象,一方面,管理者在决定股利支付水平时受到行业普遍水平和行业领先者的影响而产生了羊群行为。另一方面,公司的声誉是产生和影响羊群行为程度的动因,声誉越高的公司越不可能产生羊群行为。

第二,管理者股利迎合行为同样可以解释我国上市公司股利"群聚"现象。管理者支付股利时没有考虑中小股东的股利需求,而是仅仅迎合了大股东的现金偏好。上市公司股权越集中,越倾向于支付股利,支付的金额也越高。最后,大股东偏好也与我国上市公司股利的"群聚"程度存在正相关关系。

第三,采用 Tobit 模型,对行为股利政策理论进行联合检验发现,管理者羊群行为和管理者迎合大股东行为对上市公司的股利政策有稳定的影响,公司声誉和股权集中度均对股利"群聚"存在稳定的相关关系。

总之,本书的研究结果证实,管理者的羊群行为和迎合行为在很大程度上解释了我国上市公司的股利支付行为,对声誉和大股东偏好的考虑是管理者支付行为的动因,因此,行为因素是影响股利支付的重要因素,行为股利政策能够解释我国上市公司的股利"群聚"现象。

本书的主要贡献与创新之处表现在以下三个方面:在选题上,首次提出我国上市公司股利支付存在的"群聚"现象,丰富了对"股利之谜"的研究;在文献评述上,较为系统和全面地梳理了管理者羊群行为和管理者迎合理论的相关文献,首次将管理者羊群行为理论应用于股利政策领域,并将股利羊群行为和迎合理论归纳和总结为行为股利政策理论;在实证研究上,采用 Tobit 模型检验股利"群聚"现象,克服了仅采用线性回归模型研究股利问题可能存在的样本选择偏差的问题。

黄娟娟

2011 年 12 月

目　录

第一章　导　论/1

　　第一节　研究问题的提出/1

　　第二节　研究内容与框架/6

　　第三节　研究的创新之处/9

第二章　传统理论对股利政策的解释/11

　　第一节　完美市场的"股利无关论"/11

　　第二节　非完美市场的股利政策理论/13

　　第三节　传统股利政策理论面临的问题/25

第三章　我国上市公司股利"群聚"现象/31

　　第一节　我国上市公司股利群聚现象分析/31

　　第二节　西方传统理论与股利群聚现象/38

第四章　行为股利政策/42

　　第一节　行为股利政策理论的提出/42

　　第二节　股利迎合理论/48

　　第三节　管理者羊群行为/59

第五章　股利羊群行为与股利"群聚"现象/101

　　第一节　研究目的与研究假设/101

　　第二节　样本选择与变量定义/105

　　第三节　检验过程与结果分析/113

第六章　股利迎合理论与股利"群聚"现象/122

　第一节　研究目的与研究假设/122
　第二节　样本选择与变量定义/125
　第三节　检验过程与结果分析/133

第七章　行为股利理论的联合检验(Tobit 模型)/144

　第一节　研究目的与研究假设/144
　第二节　研究方法与研究设计/146
　第三节　检验过程与结果分析/150

第八章　研究结论和启示/158

　第一节　研究结论/158
　第二节　研究启示与政策建议/159
　第三节　本研究的局限性与未来的研究/161

参考文献/162
后　记/176

第一章 导 论

　　股利政策是现代财务理论中最经典的研究领域之一,也是财务学的三大"谜题"之一。传统股利政策的理论和经验研究已经发展了半个多世纪,新的谜题和异象不断出现,却始终没有一个理论能够完整地解释股利政策中的所有课题。近年来,新兴的行为公司财务思想逐渐影响股利政策研究,有望为股利之谜提出新的研究视角,本书的研究正是行为公司财务理论在股利政策领域的应用。本书从管理者决策的角度出发,研究行为和心理因素对股利政策的影响,并首次将此类研究概括地称为"行为股利政策"。本章是全书的导论,首先从理论和实践的角度提出研究问题,然后阐述研究内容和分析框架,最后指出创新之处。

第一节 研究问题的提出

　　股利政策是公司财务决策的重要问题之一。作为对股东的财务分配政策,它既是公司理财的必然结果,也是投资和投资行为的延续,优化股利政策不仅能体现公司过去的经营业绩,还可以预示公司未来的可持续发展水平,从而影响资本市场对公司的价值评估。股利政策理论也是公司财务理论中的核心理论,"公司为什么支付股利"既是一个成果丰富的研究课题,也是财务学中最难以回答的问题之一。股利政策研究的发展已经历经半个多世纪,但财务学者在许多问题上仍然争论不休、各持己见。早期的争论在"无关论"和"相关论"两个对立阵营之间展开,到 20 世纪 70 年代后研究重点转向放宽 MM 定理的不同假设,产生了"追随者效应"、"信号传递"和"委托代理"三大理论。随着法与财务学相关研究的发展,投资者法律保护也被认为是影响股利政策的因素之一。但是迄今为止,这些传统股利政策理论仍然不能完美地解释整个股利现象。正如 Black(1976)所感慨:"股利政策就像一个各部分没有连在一起的拼图,越看越使人迷惑。"①

纵观股利政策研究的发展轨迹可以发现,新谜题的提出和探讨总会成为新理论诞生的促进力量,例如对"股利政策与公司价值是否相关"(Miller 和 Modigliani,1961)问题的争论,促进了 MM 定理在股利领域受到的广泛认可,"股利是否具有信息含量"(Pettit,1972;Watts,1973)的大讨论为股利信号模型的产生提供了重要的线索,"不断消失的股利"之谜(Fama 和 French,2001)的求解则催生了著名的股利迎合理论。

我们的发现令股利政策领域又生新谜——我国上市公司股利政策出现了之前西方财务文献中从未提及的新的异象:我国上市公司现金股利支付水平高度集中,存在明显的股利"群聚"现象。在 1 000多家上市公司 1993 年至 2006 年的 3 000 多次现金股利支付中,超过 83% 的每股现金股利都在 0.2 元以下,每股现金股利在 0.3 元以下的公司甚至超过了 93%(见表 1-1)。每股现金股利的离散程度(变异系数)平均值仅有 0.77,而美国上市公司每股现金股利的离散程度平均值为 3.59。相比同一时期美国的上市公司,我国上市公司每股现金股利离散程度不足美国上市公司每股现金股利离散程度的 1/4(见图 1-1)。我们将这种新的异象称为股利的"群聚"现象。

---

① Black,The Dividend Puzzle,*Journal of Portfolio Management*,2,1976,p.5.

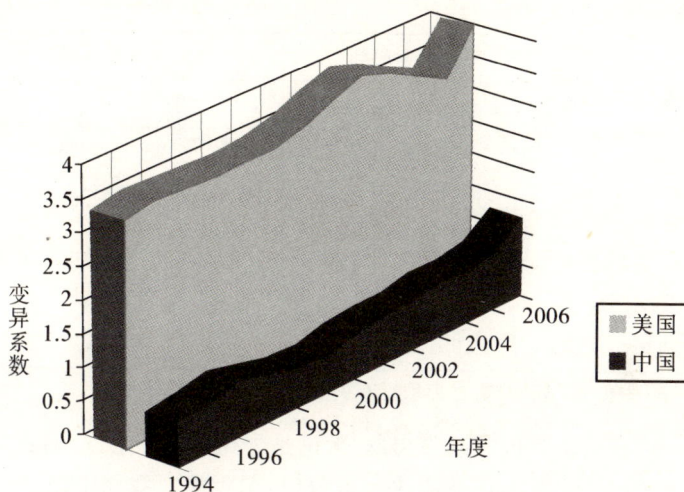

图 1-1 中国与美国上市公司每股现金股利变异系数的对比图

资料来源:我国上市公司数据从 WIND 数据库取得有关数据整理而成;美国上市公司数据由 Compust 数据库的数据整理而成。①

表 1-1   1993 年至 2006 年每股现金股利频数统计表②

区间 (元)	税前每股现金股利		税后每股现金股利	
	频数	累计百分比频数(%)	频数	累计百分比频数(%)
0~0.1	2 037	54.2	2 264	60.33
0.1~0.2	1 090	83.21	1 008	87.18
0.2~0.3	371	93.08	291	94.94
0.3~0.4	144	96.91	125	98.27
0.4~0.5	74	98.88	38	99.28
0.5~0.6	18	99.36	13	99.63

---

① 样本筛选方法同 Fama 和 French(2001)。

② 样本筛选的过程详见第五章。

续表

区间 （元）	税前每股现金股利		税后每股现金股利	
	频数	累计百分比频数（%）	频数	累计百分比频数（%）
0.6～0.7	10	99.63	5	99.76
0.7～0.8	6	99.79	5	99.89
0.8～0.9	2	99.84	3	99.97
0.9～1.0	5	99.97	0	99.97
1.0～3.0	1	100	1	100

资料来源：从 WIND 数据库取得有关数据整理而成。

如果仅从传统股利政策出发，无论是委托代理理论、追随者效应理论、信号传递理论，还是法律保护假说，都无法对我国上市公司现金股利"群聚"现象作出很好的解释。传统股利理论无法解释新现象的深层原因可以从以下两个方面考虑：一方面，Baker 和 Wurgler 指出，传统股利理论会失灵主要原因在于，类似追随者效应的传统股利政策理论着重考虑了股利的需求方面，而忽略了股利的供给方面。Baker 和 Wurgler 坦言："理性的追随者效应必须通过总股利水平的供给反应来得以满足。"[1]因此，从股利的供给方面（管理者）的角度出发，重新审视上市公司的股利行为是很有必要的。另一方面，Frankfurter 和 Wood(2002)批评目前的股利政策模型道："它们很大程度上忽略了行为和社会经济学对管理者和股东行为的影响。"[2]Shiller(1984)也指出，除非未来的模型考虑了这些影响，否则人们对股利的非理性偏好很难解释。Miller(1986)认为："在大多数微观决

---

[1] Baker, M. and Wurgler, J., A Catering Theory of Dividends, *Journal of Finance* 3, 2004a, p. 1156.

[2] Frankfurter, G. M. and Wood Jr., B. G., Dividend Policy Theories and Their Empirical Tests, *International Review of Financial Analysis*, 11, 2002, p. 128.

策的蓝图上,行为的因素是非常重要的组成部分……它不应该被忽略。"①"把行为因素引入股利政策的解释是很自然的,因为它可能有助于解释长期以来的异象。"②

20世纪末以来,在心理学与行为科学的渗透与带动下,公司财务管理的现代理性假设受到严重质疑,行为金融学和财务学应运而生。它们放宽了市场参与者为理性人的前提假设,在财务学的研究中加入了管理者心理和行为这一因素的考察,在对财务学种种异象的解释过程中起到重要的作用,弥补了传统公司财务学的不足,并逐渐成为当前研究的前沿课题之一。那么行为因素是否对公司股利政策有显著的影响? 行为财务学的相关理论和方法能否解释我国上市公司的股利"群聚"现象? 这是笔者试图研究的两个问题。笔者试图把行为公司财务的思想和方法引入股利政策领域,形成"行为股利政策理论",为诠释"股利之谜"提供新的研究视角。

此外,在研究方法方面,以往文献对股利政策的研究通常是将公司的股利支付水平和是否支付股利的决策分别研究,却鲜有文献把二者结合起来同时考虑。然而,实际上只有当公司确定要支付时,其股利支付水平才能够被观察到。将二者强行割裂会导致样本选择偏差。如何克服这一偏差? 这是笔者试图研究的第三个问题。

---

① Miller(1986)撰写此文的目的是展示财务学中基于理性市场的一般均衡模型,特别是股利模型,强调它们都是生动、有用的——至少不比经济学中其他模型差。他认为这个框架也不应该因为股利异象的存在而被看低。不过他在文中也多次承认,在不久的将来,很可能也很需要对这些模型从行为和认知的角度进行重新构建。见 Miller, M. H, Behavioral Rationality in Finance：The Case of Dividends, *Journal of Business*, 59, 1986, p. 466.

② Miller, M. H. , Behavioral Rationality in Finance：The Case of Dividends, *Journal of Business*, 59, 1986, p. 451.

第二节 研究内容与框架

　　为了研究我国上市公司为何会出现股利"群聚"现象,本书全面评述了传统股利政策理论、行为股利政策的相关文献。笔者认为,基于理性管理者假设的传统股利政策理论仅仅考虑了股利的需求方面(即投资者和股东),而忽视了股利供给方面(即管理者),无法对股利"群聚"现象进行解释,因而有必要从行为财务学中去寻找答案。如果从股利的供给方面出发,加入管理者的因素,"群聚"产生的原因存在两种可能[①]:一是管理者在股利政策制定过程中产生了羊群行为,二是管理者所制定的股利政策迎合了股东的现金偏好或者流动性需求。本书在理论评述和分析的基础上,提出了股利羊群行为理论和大股东迎合理论,统称为"行为股利政策理论",并分别检验股利羊群行为和大股东迎合理论对股利"群聚"现象的解释能力。最后,用一系列 Tobit 回归模型将股利羊群行为和大股东迎合理论统一起来进行联合检验,以证实行为股利政策理论对上市公司股利政策的总的影响。

　　根据罗斯的定义,狭义的股利(dividend)一般是指从利润中分配给股东的现金,但通常公司向股东的任何直接分配都被看作股利的一部分。最常见的股利支付形式是现金股利。[②] 本书的研究对象为上市公司的现金股利,这是因为目前主流的股利政策理论中存在

---

　　① 经济学上,其实还有两种情况可能在产品市场上产生"群聚现象":一是完全市场竞争的结果产生的价格群聚,二是寡头共谋或者厂商勾结。见沈艺峰、许琳和黄娟娟:《我国股权分置中对价水平的"群聚"现象分析》,载《经济研究》,2006 年 11 月,第 1 期,第 102 页。本文的讨论排除了这两种情况,因为完全市场竞争这一结论在我国证券市场显然不适用,而上市公司数量庞大这一实际情况也排除了寡头共谋的可能性。

　　② 斯蒂芬·P. 罗斯等著,吴世农、沈艺峰和王志强等译:《公司理财》原书第 6 版,机械工业出版社 2000 年版,第 356 页。

的大量研究都是有关现金股利的。例如,股利信号理论中的四个著名的信号模型都是关于现金股利的①,代理理论是围绕着公司自由现金流和代理冲突问题展开讨论的,而追随者效应理论则考虑支付现金股利与资本利得之间的权衡。虽然股票股利和转增股本也是支付形式,但是对于企业来说没有现金流出,因此它们不能算是真正意义上的股利,而只能是增加流通在外的股票数量,同时降低公司的股票价值。本书的研究对象是现金股利,下面所称的"股利"专指现金股利,股票股利和转增股本不在本书的研究范围内。

现金股利政策是一种决策行为。它包括两方面内容:一是是否支付现金股利,二是支付多少金额。在大量关于股利政策的研究中,既存在大量关于支付多少的研究,近年来更涌现出许多关于是否支付的研究,本书的研究分别涉及这两方面内容。但是,实际上只有当管理者决定支付时,股利支付额才能够被观察到,如果仅考虑支付金额,可能会导致样本选择偏差。因此本书又采用 Tobit 模型,以克服此类偏差。

行为公司财务(behavior corporate finance)是从管理者的心理和行为因素入手,研究管理者因素对公司决策的影响。行为股利政策(behavior dividend policy)是笔者提出的概念,它是行为公司财务的思想和方法在股利政策领域的发展和延伸。行为股利政策在本书中具体表现在两个方面:一方面,从羊群行为出发,管理者在制定股利政策之前观察到前人或众人的行为或结果,决定放弃自己的私有信息,模仿或采纳前人或者众人的股利政策;另一方面,从 Kahneman 和 Tversky(1979)的心理学理论以及 Baker 和 Wurgler(2004)的迎合理论出发,认为公司股利政策的主要原因在于管理者支付行为是为了满足股东对现金股利不断变化的需求的行为。

本书共分八章。第一章为导论;第二章对传统股利政策理论的

---

① "……所讨论的股利信号完全是基于对现金股利信号的研究。实际上还有很小的一部分文献研究了股票股利的信号传递问题……",见沈艺峰、沈洪涛著《公司财务理论主流》,东北财经大学出版社 2004 年版,第 185 页。

研究文献进行回顾,评述传统理论研究的贡献和不足;第三章分析我国上市公司股利"群聚"现象产生的制度背景和股利支付的现状;第四章回顾了行为股利政策理论的提出过程,对管理者羊群行为和股利迎合理论进行梳理,为解释股利"群聚"现象提供文献依据;第五章和第六章分别从股利羊群行为和股利迎合理论两个角度进行实证检验,考察二者对"群聚"现象的解释情况;第七章把上述两个理论放在同一个模型(Tobit Ⅱ模型)内进行联合检验,考察行为股利政策对"群聚"现象的解释情况。最后,第八章得出本书的结论。

本书的基本研究框架如图 1-2 所示。

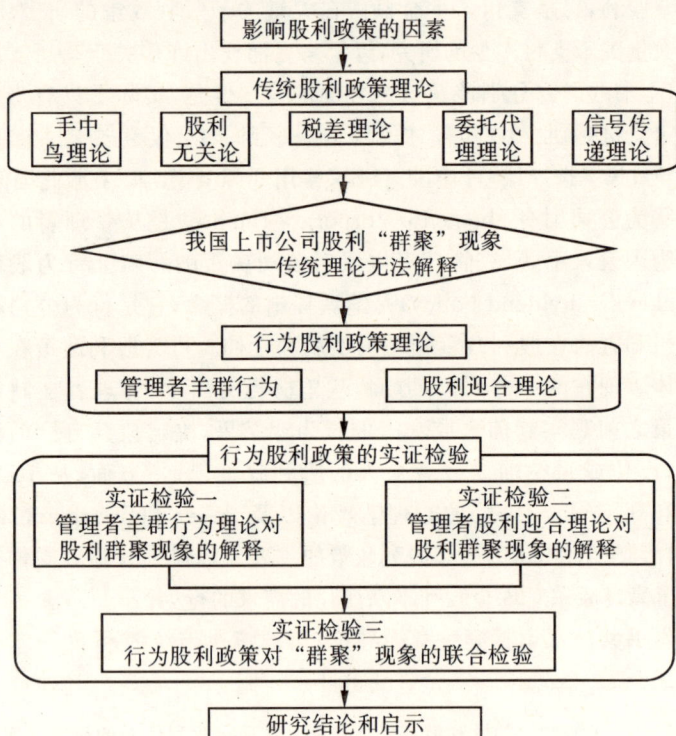

图 1-2　本书的基本研究框架图

第三节　研究的创新之处

本书围绕我国上市公司股利"群聚"这个新的现象，在全面梳理传统股利政策学术文献和行为公司财务文献对股利政策的研究成果的基础上，提出包含股利羊群行为和股利迎合理论在内的行为股利政策，并利用我国上市公司的数据进行实证检验，对"群聚"现象进行了解释。本书的主要贡献与创新之处表现在选题、理论研究和实证检验三个方面。

在选题上，本书选择了"股利之谜"这个古老的话题，却从纷繁的数据中发现新问题，首次提出我国上市公司股利支付存在的"群聚"现象，以此为题展开讨论。在财务学研究的发展进程中，新现象的发现和讨论往往成为学科重大发展的催化剂和润滑油。这是因为新现象如果能够被现有理论所解释，它就成为现有理论的论据和印证，能够促进现有理论的发展和深化；反之，如果新现象不能被现有理论所解释，则被称为异象，而异象的发现和存在将激励学术界探索新理论，开拓新领域。行为金融学和行为财务学的发展轨迹正是沿着对种种异象的挑战和研究一路走来的。股利"群聚"现象提出了一个有理论意义和实际意义的问题，对它的讨论能够为"股利之谜"提供一个新的思考方向。

在理论研究上，本书有两方面创新：第一，从学术的角度全面系统地梳理了传统股利政策学术文献和行为公司财务文献对股利政策的研究成果，正式提出了"行为股利政策"概念，并整理行为股利政策理论发展的演变历程和学术渊源；第二，首次将管理者羊群行为理论引入股利政策领域，提出了股利羊群行为假说，并将股利羊群行为和股利迎合理论归纳到"行为股利政策"的理论框架中。总之，本书以股利政策为体，行为财务学为用，客观地融合了股利政策和行为公司财务学积累的丰富文献，弥补了相关理论的不足，可作为对股利政策理论研究新发展方向的一个有益探索和尝试。

在实证检验方法上，以往的股利政策实证研究一般采用多元(线性)回归模型，但实际上只有当管理者决定支付时，股利支付额才能够被观察到，此时样本可能存在选择性偏差，因此，本书除了采用多元线性回归模型之外，又用 Tobit 模型作为行为股利政策实证研究的稳健性检验，以克服模型估计中可能存在的偏差。

第二章 传统理论对股利政策的解释

第一节 | 完美市场的"股利无关论"

1961 年,美国财务学家 Miller 和 Modigliani(以下简称 MM)在《商业杂志》上发表经典论文《股利政策、增长和股票定价》,提出了著名的"股利无关论"。他们指出:"在理性的、完美资本市场这样的理想经济环境之中,企业的市场价值仅仅取决于公司的投资决策和盈利能力,而不取决于对盈利分配如何进行'包装'。"[①]公司的价值与股利政策无关,这就是 MM 定理的主要观点。

在 MM 定理提出以前,被人们所广泛接受的是所谓的"手中鸟理论"(Bird-in-hand Theory),该理论相信股利能够"消除不确定性"(uncertainty resolution)。Williams(1938)认为,公司价值是未来各期股利贴现值之和,因此高的股利支付意味着高的公司价值。Walter(1956)提出的"华特公式"也将股利支付变量放在价值计算公式的分子中。Gordon(1959、1962 和 1963)进一步完善了 Williams 的股票价值股利贴现模型,将"消除不确定性"的观点明确化,认为比起未来收入不确定的资本利得,股东们更加偏好高股利政策。MM 定理提出的时间正好是在"手中鸟理论"发展到巅峰的时期,MM 批评道,"虽然这些问题(股利与价值是什么关系、是否存在最佳股利政策)是近来实证研究关注的问题,但并没有达成一致结论。经济学文

---

① Miller, M. H. and Modigliani, F., Dividend Policy, Growth, and the Valuation of Shares, *Journal of Business*, 34, 1961, p. 414.

献中也缺乏股利与价格之间完整、合理、严格的直接论述"。Miller 和 Modigliani 自称这一研究"将试图去填补在定价理论上存在的空白"。

令 Miller 和 Modigliani 没有料到的是,这篇文章的学术意义远远超过他们自己的评价。首先,MM 定理一经刊登,立刻在财务学界引起了"股利有关论"与"股利无关论"的激烈论战,"股利是否相关"这一问题本身就成为随后股利领域研究的主题,延续到整个 20世纪 60—70 年代。其次,MM 在文章中贯彻他们自称的"完整、严格、合理"的风格,用一系列严格的假设和严密的证明过程推导出理想状态下的股利政策。在 MM(1961)推导出一般模型、无限期稳定增长模型和有限期超常增长模型之后,MM(1963)还将模型进一步修正,证明了即使考虑负债和公司税,MM 定理也仍然成立。时隔半个世纪,Bhattacharya(2007)仍然在感叹"股利无关论的证明过程非常精巧"。[1] 最后,也最为重要的一点是,MM 定理成为后续股利政策研究的思想起点,学者们无论是否认可 MM 定理,实际上都沿着放松 MM 定理某些假设的方向展开研究。即使仅从这个角度而言,MM 定理也当之无愧地被认为是股利政策理论发展的基石。

MM 定理建立在以下假设上:

(1)完美的资本市场假设(perfect capital market):买卖双方都是价格的接受者,信息对称且信息的获得成本极低,无交易成本,以及公司股利和留存收益没有税收差异,股东股利所得和资本利得也没有税收差异。

(2)理性行为假设(rational behavior):市场参与者是理性人,总是追求更多财富,且对财富的形式无偏好。

(3)完全确定性假设(perfect certainty):市场中每个投资者都了解每家公司的投资计划和收益,对未来有完全的把握,没有必要区分公司股票和债券。

---

[1] Bhattacharya, Dividend Policy: A Review, *Managerial Finance*, 33, 2007, p. 5.

这三个假设是 Miller 和 Modigliani(1961)直接提到的假设,但MM 定理其实还隐含着另外几个基本假设。譬如公司可以自由地在资本市场上筹集资金的假设①,投资项目决策彼此独立的假设,每个股东具有相同的回报率(例如,折现率是常数)的假设。Bhatta-charya(2007)认为,"股利无关论"无法解释股利公告效应的原因在于,它违背了某些假设。② 大多数财务学家在认可 MM 定理的贡献的同时,也认为 MM 定理关于理性和完美市场的假设条件过于严格,至少有一个甚至多个假设条件是违反现实的。为了使理论更好地解释现实,财务学家开始着手放宽 MM 定理的假设条件,研究非完美市场的股利政策问题。

第二节 非完美市场的股利政策理论

一、税差学派和追随者效应理论

MM 定理的假设中最早被放松的假设是所得税无差异假设,财务学家考虑个人所得税对股利政策的影响。他们发现,美国政府个

---

① 这样一来,股利支出的现金可以用新筹集的资金来补充,股利政策就与筹资策略紧密联系起来。可见,"股利无关论"是 MM 的"资本结构无关论"在股利领域的延伸。Miller(1988)也承认,"股利无关论"的想法在发表"资本结构无关论"的时候就已经成熟了。见 Miller,The Modigliani-Miller Propositions after Thirty Years,*Journal of Economic Perspectives*,2,1988,pp. 99~120.

② Bhattacharya(2007)总结认为:"股利无关论是建立在投资项目决策是独立进行的,而且每个股东具有相同的回报率(例如,折现率是常数)的假设之上。……股利无关论无法解释为何人们如此有兴趣去观察股利公告。显然,它违背了某些假设。"见 Bhattacharya,Dividend Policy:a Review,*Managerial Finance*,33,2007,p. 5.

人所得税法的实际情况与 MM 定理假设的理想状态存在两个明显的区别：一方面，股东的资本利得有税收优惠（对股利收入征收的税率高于资本利得税率，而且资本利得还可以延缓纳税）；另一方面，对于股利收入而言，由于每个投资者的税收等级不同，对应的边际所得税率也不同。出于对所得税差异问题的上述两类不同的考虑，财务学研究先后派生出"税差学派"和"追随者效应"两个理论流派。前者认为投资者应该偏好税率低的资本利得，因而公司的最优分配政策是保留所有的收入，让股东从股票升值产生的资本利得中获得投资收益。后者则强调不同的边际所得税率会导致投资者对股利的态度不一样：高收入者的边际所得税率较高，通常偏好低股利或不支付股利的公司；而养老基金等边际所得税率较低的投资者，则可能偏好高股利支付率的股票；不同的股利政策都能吸引不同税收水平的投资者。而从方法上看，财务学家研究个人所得税的影响时采用了两种基本方法。第一种方法是应用税后资本资产定价模型进行判断：如果现金股利比资本利得面临更高的税率，那么投资者是否对不支付或支付很少的公司要求较高的收益率呢？第二种方法关注股票价格在除息日的变化情况：投资者在除息日的选择是立刻出售股票获得资本利得，或者除息日后再出售，并获得股利收入，那么股票价格下降的幅度与股利支付额之间有怎样的关系？

税差学派的兴起较早，Farrar 和 Selwyn 在 1967 年就首先注意到，投资者目标应该是"税后收益最大化"。他们考察了两种极端情况：(1)把公司全部自有资金作为股利发给投资者；(2)公司不支付股利，全部资本利得立即实现。由于资本利得税的税率小于股利所得税率，第一种情况下的收益始终小于第二种情况，也就是说，税后资本利得必定大于税后股利收入，因此股东应该偏好资本利得，反对支付股利。Farrar 和 Selwyn(1967)明确指出，公司不应该支付股利，而应该通过股票回购来分配公司收益。为此，Farrar 和 Selwyn 构造了一个局部均衡研究，Brennan (1970)、Litzenberger 和 Ramaswamy(1979)的研究将分析扩展到静态一般均衡。Brennan

(1970)指出,Farrar 和 Selwyn(1967)忽略了投资者在市场上可获得的交易机会,因此,有必要建立一个市场评价原则来计算个人所得税对股票价值的影响。Brennan 建立了一个包含股利的税后资产定价模型,他认为,如果市场的有效税率(effective tax rate)接近于零,则"股利无关论"能够成立,但实际上有效税率大于零,此时公司支付股利就会损害股东的利益。Litzenberger 和 Ramaswamy(1979)从实证研究的角度出发,指出股票的预期收益率与股利支付率有很强的正相关关系,这与 Brennan(1970)的税后资产定价模型的预测一致。

但也有一些学者反对税差学派的观点。Black 和 Scholes(1974)质疑税后资产定价模型在实证检验中的有效性,他们指出:"通过目前最好的方法(资产定价模型)也无法确定是什么因素造成了股利政策与股票收益率之间存在的这种关系。"[1] Poterba(1987)提供的1929 年至 1986 年美国对股利征税的税率和股利的对比清单表明,尽管几十年来边际税率发生了巨大的变化,股利支付却一直保持稳定。[2] 而且在 1969 年美国《税收改革法案》颁布之后,股利所得已经与资本利得按照同样的税率征税,股利政策也没有出现大的变化。[3] Black 和 Scholes(1974)以及 Miller 和 Scholes(1982)都曾提出一个看似简单却无法用税差学派观点解释的问题:如果公司可以通过减少股利支付来降低股权的必要报酬率,那么它们为什么不这么

---

[1] Black,F.,and Scholes,M. S.,The Effects of Dividend Yield and Dividend Policy on Common Stock Prices and Returns,*Journal of Financial Economics*,1,1974,p. 1.

[2] 转引自威廉·L.麦金森著,刘明辉主译:《公司财务理论》,东北财经大学出版社 2002 年版,第 365 页。

[3] 根据 Long(1978)对 1955 年至 1969 年公共事业公司股票股利和现金股利支付历史的比较研究,现金股利公告市场溢价(如果存在溢价的话)比股票股利公告市场溢价还要稍稍高一点。见 Long,J.,The Market Valuation of Cash Dividends,*Journal of Financial Economics*,6,1978,pp. 235~264.

做呢？为何有的公司支付股利，而有的公司支付很少甚至不支付股利？

税差学派之后兴起的追随者效应（clientele effect）理论倒是可以解释这个问题。追随者效应理论认为，由于每个投资者的税收等级不同，对应的边际所得税率也不同，例如富人的税收等级高，他们可能偏好低股利；而类似养老基金这样的税收等级低的投资者则可能偏好高股利。因此，不同的股利政策都有存在的意义，因为它们能吸引不同税收水平的投资者。

"追随者效应"一词其实在 Miller 和 Modigliani（1961）的论述中就曾经出现过。他们在讨论可能出现的"不完美"情形时提出："由于个人偏好——例如年轻的'储蓄者'可能由于交易费用而选择低股利的股票，而年老退休者依靠'收入型股票'维持生活——这些不完美情形可能成为某些股利政策获得长期溢价的必要但不充分条件……每个公司都会试图以某个特定的股利支付率来吸引一些喜欢它的追随者。"[1]他们还明确提出个人所得税造成追随者效应的原因是："个人所得税对资本利得比对股利优惠。这是把高收入的个人推向资本利得的强大动力。而对于另一部分个人而言，税收无差异或者对股利有优惠。所以，'追随者效应'再次起作用了。"[2]不过，Miller 和 Modigliani 并没有就追随者效应理论展开论述，在当时也没有引起足够的关注，直到 20 世纪 70 年代这个观点才由 Elton 和 Gruber（1970）重新提起。Elton 和 Gruber（1970）的研究是对追随者效应最早、最直接的验证。他们提出了一种"除息日测试"（ex-dividend day test）的方法来寻找投资者的边际税率。他们看到，除息日前投资者面临两个选择：或者出售股票获得投资收益而丧失股利收入，或者持有股票取得股利但股价因为除权而降低，而当时投资收益的所得税

---

① Miller, M. H. and Grundy, B. D., *Selected Works of Merton H. Miller: A Celebration of Markets*, University of Chicago Press, 2002, p. 65.

② 同上, p. 66。

税率低于股利收入的所得税税率。Elton 和 Gruber(1970)指出："市场要处于均衡,除息日股票价格的变动必须使预期的股票买卖双方无论在除权日之前或者之后都无差别。如果预期除权除息价格过高或者过低,投资者将会调整买卖时机,直到达成市场均衡。"他们推断得出,在均衡的市场上,除息日前后股票价格之差与股利的比值 $\left(即\dfrac{P_B-P_A}{D}\right)$ 必然是公司股东的平均边际所得税率的反映。他们对1966 年 4 月至 1967 年 3 月所有在纽约股票交易所的上市公司进行分析,得出的结论是,股利收益率和股利支付率与股东的边际所得税率存在显著的相关性,证明追随者效应的确存在。

但是,Elton 和 Gruber(1970)的研究结果随后也遭到不少质疑。例如 Blume、Crockett 和 Friend(1974)研究发现,投资者组合的股利支付率与其税收负担呈负相关关系。Lewellen、Stanley、Lease 和 Schlarbaum(1978)重复了 Pettit(1977)的检验,他们无法发现存在追随者效应的证据。Baker 和 Wurgler(2004a)也发现,"股利与股票价格之间存在高度的相关性,但是在不同的时期相关性的方向也不一样"。Kalay(1980、1982)则针对 Elton 和 Gruber 的研究方法提出反对意见,认为仅仅从除息日股票价格变化与股利的关系不可能得到投资者的长期边际税率;除息日股票下跌反映的不是追随者效应而是交易成本。正如 Kalay(1982)文末所言,税收是否是除息日股票价格行为的必然解释看来需要作进一步的调查。[①]

二、股利信号理论

股利信号假说放松了 MM 定理的"信息是对称的"假设,是 20世纪 70 年代兴起的另一个重要的学说。财务学家首先关心的是"股

---

① Kalay,A.,The Ex-Dividend Day Behavior of Stock Prices:A Re-Examination of the Clientele Effect,*Journal of Finance*,37,1982,p.1070.

利是否具有信息含量"的问题。早在 1956 年,股利信息含量的萌芽思想就曾在 Lintner 的经典论述中出现过。在对 28 家公司的管理者进行调查之后,Lintner 指出,对公司管理者而言,现有的股利支付水平是一个"标杆"(bench mark),他们很不愿意轻易下调股利,而且在提高现有股利支付水平的决策上也趋于保守。Lintner 的论述意味着,一旦股利成为"标杆",它的变更可能向市场提供关于企业未来前景的某些信息。Fama 和 Babiak(1968)的实证检验为 Lintner(1956)的调查结果提供了进一步的证据。随后,Fama、Fisher、Jensen 和 Roll(1969)发现股票拆细对股价的影响,而 Pettit(1972)也发现"市场在证券估价的时候利用了股利支付变动公告(所含的信息)"[①]。

那么,为何股利会成为信息传递的方式?它又如何起到传递信号的作用呢?在随后的几年中,财务学家构建众多不同的股利信号的经济学模型来考察这个问题。追根溯源,股利信号模型的思想来自 Akerlof(1970)和 Spence(1974)等人关于"信息不对称成本"的观点。股利信号模型认为,即使管理者对公司预期很好,要传递自己是好公司的信号就必须付出成本,因为任何无成本的行为(例如直接向公众公布这个好消息)都会被坏公司模仿,而投资者也知道这一点,而且如果无法区分公司好坏,他们会一律认为是坏公司。好公司为了防止被误认,必须向外界发出一个有成本的信号,令坏公司由于成本的限制而无法模仿,现金股利恰好是一个这样的信号。现金股利的成本很高,一方面支付现金意味着公司可能需要对外筹资(这会带来高昂的筹资成本),否则就必须放弃一些净现值为正的投资项目;另一方面,为了让今后的股利政策保持稳定,公司还需要筹集更多的现金。高成本有效地阻止了坏公司的模仿行为,最后的结果是市场上形成了分离均衡,好公司和坏公司得以区分(得到了正

---

① Pettit, R. R., Dividend Announcements, Security Performance, and Capital Market Efficiency, *Journal of Finance*, 27, 1972, p. 1006.

确的定价)。

在财务学界兴起的信息不对称的研究热潮对股利领域的影响十分深远,继 Leland、Pyle(1977)和 Ross(1977)的资本结构信号模型之后,Bahttachary(1979)也以 Spence 的信号模型为原型,构建了第一个股利信号模型。在随后的 10 年里,涌现出众多以股利信号理论模型为主题的研究成果,著名的股利信号模型还包括 Miller 和 Rock(1985)模型、John 和 Williams(1985)模型等。这些模型各自强调不同的信号传递产生机制(也可以理解为不同的信号成本来源)。例如 Bahttachary 模型认为信号传递成本来自税收和在资本市场筹资产生的非系统性成本;Miller-Rock 模型强调股利的信号成本来自放弃最优投资项目的机会成本;而 John-Williams 模型则断言个人所得税所在股利收入和资本利得之间的差异支撑了信号均衡。不过,上述所有信号模型一致认同管理者掌握的内部信息是关于未来现金流的信息,他们的确在利用股利向资本市场传递信息的观点,而且股利的信号均能支撑完全分离均衡。

股利信号模型也试图进一步探讨什么是最佳股利政策问题。Bar-Yoesf 和 Venezia(1991)建立了一个理性的均衡模型,他们指出理性的投资者的预期股利是与现金流成比例的。管理者掌握了来自现金流的噪音信息,而投资者观察公司的股利支付,并据此对自己的预期进行修正。因此,Bar-Yoesf 和 Venezia 断言,最佳的股利政策是与现金流成比例的股利政策。

股利信号模型可以说是信号模型在财务学中应用最为成功的模型之一[1],不过这些设计巧妙的模型能否最终作为一个理想的理论出现,仍然要依靠实证检验结果的支持。在实证检验方面,虽然仍有一些学者在股利信息含量是关于过去还是关于未来的问题上争论不休,但是更多的学者致力于验证股利信号模型。遗憾的是,股利信号

---

[1]　Yoon,P. S. and Starks,L. T. ,Signaling,Investment Opportunities,and Dividend Announcements,*Review of Financial Studies* ,8,1995,p. 995.

模型的检验结果呈现出旗帜鲜明的分歧,既存在着支持信号模型的经验证据[如 Manuel、Brooks 和 Schadler(1993)、Denis、Denis 和 Sarin(1994)],又存在着反对信号模型的经验证据[如 Lang 和 Liztenberger(1989)、Loderer 和 Mauer(1992)],不同观点之间陷入了长期的争论之中,然而对最基本的几个问题的回答仍然不太清楚:股利到底传递了什么信号(是关于过去还是关于未来)? 如何传递? 股利作为信号比其他成本显然更低的信号传递方式更有优势吗?[①]

三、股利的代理理论解释

如果说股利信号模型研究的是信息不对称问题对股利的影响,那么代理成本理论和自由现金流量假说就可以看成是研究信息不对称和代理问题两个因素的共同作用下的股利政策理论。[②] Jensen 和 Meckling(1976)是代理理论(agency theory)研究的代表。对于 Berle 和 Means(1932)所提出的两权分离问题,Jensen 和 Meckling 指出:"管理者和所有者之间的代理关系是一种契约关系,代理人追求自己的效用最大化。如果代理人与委托人具有不同的效用函数,就有理由相信他不会以委托人利益最大化为标准行事。委托人为了限制代理人的这类行为,可以设立适当的激励机制或者对其进行监督,

---

① Easterbrook, F. H., Two Agency-Cost Explanations of Dividends, *American Economic Review*, 74, 1984, p. 651.

② Frankfurter 和 Wood(2002)指出:"信息不对称是股利信号模型、代理成本理论和自由现金流量假说这三种截然不同的股利解释的基础。"见 Frankfurter, G. M. and Wood Jr., B. G., Dividend Policy Theories and Their Empirical Tests, *International Review of Financial Analysis*, 11, 2002, p. 113.

而这两方面都要付出成本。"①Jensen 和 Meckling 称之为代理成本（agency cost），并定义代理成本为激励成本、监督成本和剩余损失三者之和。

那么代理成本对公司股利政策有什么样的影响呢？这个问题在 Jensen 和 Meckling(1976)中并未具体涉及。把代理成本思想引入股利领域的第一个研究是 Rozeff(1982)，他认为：一方面，股利支付能够降低代理成本，两者呈负相关；另一方面，由于股利支付而增加的外部筹资会增加交易成本，两者呈正相关。所以，总成本与股利之间会呈现倒 U 型关系，公司制定股利政策时应该在代理成本和交易费用之间进行权衡，以使总成本最小。另外，财务杠杆也是决定股利政策的重要因素，如果股东持有的股份在总股份中比例高，就不必采用股利支付方式来降低代理成本。Rozeff(1982)通过实证检验证明了代理成本与股利支付之间的这种负相关关系，但他并没有解释代理成本是如何作用于股利政策的。

不过与股利相关的代理问题很快就在 Easterbrook(1984)和 Jensen(1986)的经典论文中得到了深入的研究。② Easterbrook 指出，股利的信号作用是不可靠的（因为股利持续性的承诺空口无凭，难以令人相信），"除非给股利的披露中加入一些实质性功效，股利支付才会有吸引力"。③ 这个实质性功效就是减少代理成本。Easterbrook 进一步指出，"股东与管理者的利益分歧使得他必须建立监督

① Jensen，M. C. and Meckling，W. H. ，Theory of the Firm：Managerial Behavior，Agency Costs and Ownership Structure，*Journal of Financial Economics*，3，1976，pp. 305～360.

② Easterbrook(1984)直言，"本文的目的就是探究股利是如何调和管理者和投资者之间的利益冲突的。它为股利（政策）提供了一个代理成本的解释"。见 Easterbrook，F. H. ，Two Agency-Cost Explanations of Dividends，*American Economic Review*，74，1984，p. 650，摘要。

③ Easterbrook，F. H. ，Two Agency-Cost Explanations of Dividends，*American Economic Review*，74，1984，p. 651.

机制以保证管理者以股东利益最大化为依据行事,这就必然要付出监督、激励和其他成本",也即 Jensen 和 Meckling(1976)所提出的代理成本。Easterbrook 认为,股利有两个关于代理成本的解释,其中第一个解释来自股东的监督成本。股东的监督成本相当高,而且股权分散导致股东很少实施监督,所以他们希望有类似债权人委员会这样的人来代表他们监督管理者。把现金用于支付股利从而使管理者举债经营可以达到这个目的。第二个解释则来源于管理者的风险态度。由于业绩与管理者的收入和职业生涯相挂钩,管理者是风险厌恶者,可能选择低风险低回报的投资项目。但股东却是风险爱好者,因为一者可以通过分散投资来分散风险,二者如果投资成功可以获得全部收益,万一投资失败还能与债权人共担损失。债权人认识到这一点,希望管理者不支付股利,以股利追加投资,降低财务杠杆以减少破产风险。而股东则希望尽可能支付股利,防止债权人侵占股东利益。股利支付则可以通过对利益的重新分配来防止某一类利益相关者侵害其他利益相关者。Easterbrook 总结说,如果公司在支付股利的同时不断进行外部融资,上述两类代理成本问题都能迎刃而解,因为"股利支付将公司置于资本市场之中,这不仅降低了管理者的代理成本,而且在调和管理者、股东和债权人三者的不同风险偏好之间的冲突方面很有作用"[1]。

Jensen(1986)的研究与 Easterbrook(1984)的研究殊途同归。Jensen 从投资角度提出的自由现金流量假说,矛头也直指管理者与股东之间的代理问题,"管理者存在使企业规模超过其应有水平的动机"[2],"当公司有较多自由现金流时,管理者与股东在股利支付上的利益冲突更为严重。问题的核心就在于如何使管理者吐出现金,而

---

[1] Easterbrook, F. H., Two Agency-Cost Explanations of Dividends, *American Economic Review*, 74, 1984, p. 658.

[2] Jensen, M. C., Agency Cost of Free Cash Flow, Corporate Finance and Takeover, *American Economic Review*, 76, 1986, p. 323.

不是投资于收益率低于资本成本的投资项目,或者浪费在组织的无效扩张中"①。他们把自由现金流定义为"在满足所有净现值为正的投资项目的资金需求之后,多余的那部分现金流量"②,强调"那些产生了大量现金流,但是成长水平较低,特别是必然走向萎缩的组织……这些组织中现金流被浪费到不经济的投资项目上的问题更为严重"③。而支付股利和偿还利息都能够减少自由现金流量。虽然Jensen(1986)提出自由现金流量假说的本意在于控制权市场研究,但股利政策的实证研究常常以其作为现金流量假说的理论基础,主要原因在于它大大提高了代理成本理论的可检验性,也把委托人和代理人之间的利益冲突集中在对公司剩余现金流的争夺上,使股利消耗剩余现金流从而降低代理成本的解释更为直观了。

随着时间的推移,财务学家逐渐发现 Berle 和 Means 范式所描述的股权分散的情况已经改变。一方面,Schleifer 和 Vishny(1986)发现在美国的证券市场上存在股权集中的现象④,他们的研究首次把视角从管理者与股东之间的代理问题转移到大股东与小股东之间的代理问题上,形成了大股东利益侵占假说。他们最初设想,大股东能够解决原先股权过度分散导致无人监督管理者的搭便车问题,小股东为了让大股东主动持有较多股份并监督管理者,愿意支付股利

① Jensen,M.C.,Agency Cost of Free Cash Flow,Corporate Finance and Takeover,*American Economic Review*,76,1986,p.323.

② Jensen,M.C.,Agency Cost of Free Cash Flow,Corporate Finance and Takeover,*American Economic Review*,76,1986,p.323.

③ Jensen,M.C.,Agency Cost of Free Cash Flow,Corporate Finance and Takeover,*American Economic Review*,76,1986,p.324.

④ Schleifer 和 Vishny 写道:"在(1980 年)财富 500 强的 456 个公众公司中,就有 354 家公司第一大股东持股超过 5%,持股低于 3%的情况只出现在 15 个公司……这 456 家公司的第一大股东平均持股超过 15%,前五大股东持股总数达到 28.8%。"见 Schleifer,A. and Vishny,R.W.,Large Shareholders and Corporate Control,*Journal of Political Economy*,94,1986,p.462.

作为大股东的补偿。① 时过不久,Schleifer 和 Vishny 很快又意识到大股东也存在代理问题,Schleifer 和 Vishny(1997)的文献评述中明确提出"大股东代表的是他本人的利益,可能与其他股东、员工或者管理者的利益不一致,在享受控制权利益的同时,他也可能采用一些可能是无效率的方法,把财富从其他人那里转移到自己头上"②。Maury 和 Pajuste(2002)在对芬兰公司的研究中发现,股权集中度越高,则股利支付率越低,他们以此来解释大股东私利的存在性;而Gugler 和 Yurtoglu(2003)对德国公司的研究除了发现第一大股东持股比例与股利支付的负相关关系外,还发现第二大股东持股比例与股利支付呈现相反的负相关关系。

随后,以 Johnson、La Porta、Lopez-de-Silanes、Schleifer 和Vishny(LLSV)为代表的财务学家从法与财务学角度进行研究,采用跨国研究的方法,提出了股利的法律保护假说。La Porta、Lopez-de-Silanes、Schleifer(LLS)(1999)发现美国之外的许多国家也普遍存在大股东代理问题,他们指出"在法律保护不够好的国家……公司是由控股股东管理的。理想情况下,他们本该对管理者进行监督,而实际上最高管理层通常来自控股家族,他们拥有剥削中小股东的能力并享有剥削带来的利益"③。Johnson、La Porta、Lopez-de-Silanes和 Shleifer(JLLS)(2000)形象地用了"隧道挖掘"(Tunneling)一词来刻画控股股东为了一己私利转移资产和利润的行为。通过民法国家和普通法国家的多个法律案例的分析,他们指出合法的隧道挖掘

---

① 因为小股东大多是个人,面临的股利所得税率高于资本利得税率,偏好资本利得;而大股东一般都是企业,偏好股利支付。见 Schleifer, A. and Vishny, R. W., Large Shareholders and Corporate Control, *Journal of Political Economy*, 94, 1986, p. 465.

② Schleifer, A. and Vishny, R. W., A Survey of Corporate Governance, *Journal of Finance*, 52, 1997, p. 758.

③ La Porta, R., Lopez-de-Silanes, F., Schleifer, A., Corporate Ownership around the World, *Journal of Finance* LIV, 1999, p. 513.

可能真实存在,而法律及其执行影响了最后的结果,包括隧道挖掘的程度。① LLSV(2000b)则开始进一步把法律对大股东剥削的影响用于解释股利:"在根本没有法律保护制度的极端情况下,大股东可以随意攫取公司的利润……随着投资者法律保护不断增强,内部人必须寻求更隐晦、成本更高的方法……当法律保护非常好的时候,内部人能做的就是采取成本更高的(攫取财富的)方法;在中小投资者法律保护相当健全的情况下,也许大股东最好的剥削方法就是支付股利了。"②LLSV(2000a)正式提出了股利的两类大股东代理成本,他们认为大股东代理成本对股利的影响可能有"结果模型"和"替代模型"两种不同的解释。根据"结果模型",由于法律对中小股东的保护,促使公司的大股东吐出现金作为股利支付给中小股东,因此股利是法律保护的结果;根据"替代模型",大股东为了能在未来发行新股,现在支付股利以树立善待中小股东的声誉,在法律保护好的时候这样的情况更不容易发生,因此股利是法律保护的替代。"结果模型"认为中小股东权益的保护应该与高股利支付联系在一起,"替代模型"则相反。LLSV对33个国家的4 000家公司不同中小股东权益的截面检验结果支持了"结果模型",认为中小投资者法律保护越健全,大股东支付的股利越多。

第三节　传统股利政策理论面临的问题

从20世纪中叶至今,传统股利政策理论经历了多次发展,从"股

---

① Johnson,S.,La Porta,R.,Lopez-de-Silanes,F.,Schleifer,A.,Tunneling,*American Economic Review*,90,2000,p. 26.

② La Porta,R.,Lopez-de-Silanes,F.,Schleifer,A. and Vishny,R.,Investor Protection and Corporate Governance,*Journal of Financial Economics*,58,2000b,p. 6.

利无关论"引起的大讨论,到对 MM 定理假设税差、信息对称、完美代理人等假设的逐一放松,形成了包括税差学派、追随者效应理论、股利信号理论、代理成本理论、自由现金流量假说、大股东利益侵占假说和法律保护假说等一系列理论假说,从不同的侧面对股利政策作出了解释。遗憾的是,虽然股利研究的成果丰硕,但至今没有一个学说能够单独、完整地解释整个股利支付之谜。不同的学说各持己见,无法达成一致,而且每一个假说本身都或多或少地存在着难以自圆其说的地方——它们在揭示了股利政策某方面特征的同时,也留下了许多疑点。本节的前一部分分别评述了传统股利政策的理论,表 2-1 对这些理论的研究侧重点以及存在的疑点进行了归纳和总结。

表 2-1　传统股利政策的理论侧重点和存在的疑点

传统股利政策理论	研究的重点	存在的疑点
税差理论	由于股利所得税和资本利得所得税差异的存在(对股利征收的所得税率高于资本利得,后者还可以延迟纳税),所以投资者更偏好低股利。	所得税率变化时,为何股利政策并没有随之变化?如果削减股利就可以提高公司价值,为何公司不这么做?
追随者效应理论	由于不同投资者处于不同的纳税水平,他们对股利抱有不同的态度。不同股利政策的公司可以吸引不同税收水平的投资者。	为何股利与股价之间的相关性在不同的时期有不同的方向?除息日价格下跌是由于股利支付还是交易成本?当存在大量低交易成本的免税机构投资者时,为何除息日价格下降一段时间后不能回升到名义股利支付水平附近?
股利信号理论	由于公司内部人和外部人存在信息不对称,投资者会把股利当作公司向市场传递信号的工具。最佳股利政策是与现金流成正比的。	股利到底传递了什么信号(关于过去还是关于未来)?如何传递?股利作为信号比其他成本显然更低的信号传递方式更有优势吗?

续表

传统股利政策理论	研究的重点	存在的疑点
自由现金流量假说	由于管理者和股东之间存在代理问题和信息不对称,股东认为公司(特别是投资机会不好的公司)应该支付股利以耗尽自由现金流,减少代理成本。支付股利还可以促使公司再融资时被迫接受债权人和外部市场的监督。	如果分散的所有者出现"搭便车"而无监督,什么机制促使管理者吐出现金?如果股权不再高度分散,自由现金流量假说是否仍成立?
大股东利益侵占假说	由于大股东与中小股东之间存在代理问题,大股东存在控制权私利,股权越集中股利支付水平越低。	大股东对小股东剥削越严重,股利支付是越多还是越少呢?大股东对股利的控制方向是固定的吗?
法律保护假说	由于大股东与中小股东之间存在代理问题受到法律保护的影响,随着中小股东法律保护水平的提高,大股东可以通过股利来对小股东进行剥削,股利支付是法律保护的结果,法律保护越好,公司支付越多股利。	一国之内法律保护差异不大,为何公司之间股利差异却很大?法律保护水平随时间逐渐提高时,股利水平在不同时间为何有不同的变化方向?

  表 2-2 是对传统股利政策实证检验的支持意见与反对意见进行的对比。从表 2-2 中可以发现,即使这些理论假说在各自坚持的理论基础上能够自圆其说,但同一个假说的实证检验结果也常常彼此矛盾,这令股利之谜显得更为扑朔迷离。例如,在税差学派、追随者效应理论、股利信号理论和自由现金流量假说的实证研究结果中,既存在着支持这些理论假说的观点,也存在许多反对意见。而在大股东利益侵占假说中,虽然西方的研究几乎一致认为大股东的侵占体现在控制股利支付上(股权越集中,股利支付越少),但是许多中国学者的研究(Lee 和 Xiao,2006)表明,大股东的掏空行为有时体现为相

反的表现(股权越集中,股利支付越多),二者也相互矛盾。

表 2-2 传统股利政策的实证检验——支持与反对意见共存

股利理论 / 经验检验	税差学派		追随者效应理论		股利信号理论		自由现金流量假说		大股东利益侵占		法律保护假说	
	支持	反对	支持	反对	支持	反对	支持	反对	支持	反对	支持	反对
Blume、Crockett 和 Friend(1974)				√								
Baker 和 Wurgler(2004a)				√								
Christie(1994)					√		√					
Denis、Denis 和 Sarin(1994)	√				√		√					
Elton 和 Gruber(1970)			√									
Gugler 和 Yurtoglu(2002)									√			
Lang 和 Litzenberger(1989)						√	√					
LLSV(2000a)											√	
Lewellen et al. (1978)			√									
Litzenberger 和 Ramaswamy(1982)	√		√									
Loderer 和 Mauer(1992)							√					
Maury 和 Pajuste(2002)									√			
Poterba(1986)		√										
Pettit(1977)			√									
Rozeff(1982)							√					
Yoon and Starks(1995)					√		√					

注:此处仅列示了部分支持与反对的观点,仍有许多相关实证检验文献,限于篇幅不能一一列出。

那么为何传统的股利政策理论不能很好地解释股利现象呢?在股利之谜的研究中,是否有一些重要的因素被忽略了?是否存在不恰当的假设,掩盖了问题的关键?财务学家从两个角度来考虑。

首先,财务学家回到 MM 定理重新进行审视,发现传统股利政策陆续放宽了无税收、信息对称、完美代理人等多项假设,但从未触及理性人假设,忽略了人的行为偏差对股利政策可能产生的影响。

Frankfurter 和 Wood(2002)批评目前的股利政策模型道:"它们很大程度上忽略了行为和社会经济学对管理者和股东行为的影响。"[1]而 Shiller(1984)就曾指出,除非未来的模型考虑了这些影响,否则人们对股利的非理性偏好很难解释。

近年来,随着实验心理学和行为学的兴起和发展,管理者行为的研究开始被引入财务学,行为财务学逐渐成为当前股利政策研究的前沿课题。[2] Miller(1986)认为"在大多数微观决策的蓝图上,行为的因素是非常重要的组成部分……它不应该被忽略"[3]。他还指出:"把行为因素引入股利政策的解释是很自然的,因为它可能有助于解释长期以来的异象。"[4]

其次,既然股利支付是一种资源分配行为,那么必然存在需求方和供给方。Baker 和 Wurgler(2004a)发现,类似追随者效应的传统股利政策都只考虑了股利的需求方,而忽视了股利的供给方。其实,

---

① Frankfurter,G. M. and Wood Jr. ,B. G. ,Dividend Policy Theories and Their Empirical Tests ,*International Review of Financial Analysis* ,11,2002,p. 128.

② 虽然 Lease et al(2000)把非理性行为的这部分研究当成不完美市场框架下股利政策的相对少数的研究,但是 Baker、Powell 和 Veit(2002)也指出:"关于股利相关性的行为解释近年来逐渐增多了。"见 Lease,R. C. ,John,K. ,Kalay,A. ,Loewenstein,U. and Sarig,O. H. ,*Dividend Policy* ,Boston:Harvard-Business School Press,2000。转引自 Baker, H. K. ,Powell, G. E. and Veit, E. T. ,Revisiting the Dividend Puzzle:Do All of the Pieces Now Fit? *Review of Financial Economics* ,11,2002,pp. 241~261.

③ Miller(1986)撰写此文的目的是展示财务学中基于理性市场的一般均衡模型,特别是股利模型,强调它们都是生动、有用的——至少不比经济学中其他的模型差。他认为这个框架也不应该因为股利异象的存在而被看低。不过他在文中也多次承认,在不久的将来,很可能也很需要对这些模型从行为和认知角度进行完全的重新构建。见 Miller, M. H,Behavioral Rationality in Finance:The Case of Dividends,*Journal of Business* ,59,1986,p. 466.

④ Miller, M. H. , Behavioral Rationality in Finance:The Case of Dividends,*Journal of Business* ,59,1986,p. 451.

除了追随者效应理论外,类似股利信号理论和基于代理问题的股利理论在某种程度上强调的也是股利需求方(股东)对股利供给方(管理者)支付行为的主观解读。而作为股利提供方的管理者,他的供给行为背后的主观能动性及其形成原因反而被传统股利理论所忽视。正如 Baker 和 Wurgler 所说的,"理性的追随者效应必须通过总股利水平的供给反应来得以满足。"①因此,有必要从股利供给方的角度对股利支付进行研究。

　　综上所述,传统的股利政策理论无法对股利之谜进行完整的解释,对股利需求方(投资者)的研究也无法为公司的股利支付行为提供令人满意的解答,那么我们有必要转换研究视角,从股利供给方(管理者)的角度入手,到考虑管理者的不完全理性的行为股利政策理论中去寻找答案。

---

① Baker, M. and Wurgler, J. , A Catering Theory of Dividends, *Journal of Finance*, 3, 2004a, p. 1156.

第三章 我国上市公司股利"群聚"现象

由于传统计划经济的制约和转型经济发展的特征,我国上市公司存在着不同于西方国家的市场环境和制度背景。因此,研究我国上市公司股利政策必须首先研究我国上市公司股利政策的特殊现象。

本章首先提出我国上市公司股利政策存在一种特殊的现象——现金股利"群聚"现象,然后指出西方传统理论无法解释股利"群聚"现象,它们之所以束手无策,一方面是由于自身的理论假设的局限性,另一方面是由于我国上市公司存在与西方不同的公司特征和制度背景。

第一节 我国上市公司股利群聚现象分析

本节试图描述一个股利政策领域的新现象——股利"群聚"现象,西方财务文献中还从未提及过此类现象。

首先,从横截面角度看,1993年至2006年我国上市公司每股现金股利分布的频数统计(见表3-1)表明,在1 000多家上市公司前后14年间的3 000多次现金股利支付行为中,超过83%的每股现金股利都在0.2元以下,每股现金股利在0.3元以下的公司甚至超过了93%。频数分布的结果显示,我国上市公司股利支付水平相当集中。

其次,从时间序列上看,分年度统计的税后每股现金股利的累积百分比频数(图3-1)表明,各年度股利支付水平的分布也都呈现集中态势。① 其中,大多数年度中,支付的每股股利在0.2元以下的公

---

① 1993年仅有1家公司支付股利。

司累积百分比频数超过 80％,2000 年、2001 年和 2002 年甚至达到 90％;在绝大多数年度中,每股股利在 0.3 元以下的区间已经可以覆盖接近或超过 95％的上市公司。同时,从每股股利的百分比频数来看,股利支付金额主要落在(0,0.2]区间,但各个年度的集中程度和集中金额存在差异。例如,从 1993 年至 1999 年,公司的每股股利更多地落在(0.1,0.2]区间,或(0,0.1]和(0.1,0.2]两个区间平均分布,但是自 2000 年起以后各年公司的每股股利则更多地落在(0, 0.1]区间。这与证监会自 2000 年起陆续颁布的一系列影响股利支付的法律法规有关(见表 3-2)。例如,2000 年 3 月 16 日,证监会颁布《关于上市公司配股工作有关问题的补充通知》,要求上市公司应在《配股说明书》中增加第五部分详细说明公司上市后历年分红派息的情况;2001 年 3 月 28 日《上市公司新股发行管理办法》要求担任主承销商的证券公司应当对“最近 3 年未有分红派息,董事会对于不分配的理由未作出合理解释”的上市公司加以重点关注,并在尽职调查报告中予以说明;2004 年 12 月 7 日,《关于加强社会公众股股东权益保护的若干规定》第四条进一步规定:“上市公司应实施积极的利润分配办法……上市公司最近三年未进行现金利润分配的,不得向社会公众增发新股、发行可转换公司债券或向原有股东配售股份。”

表 3-1　1993 年至 2006 年每股现金股利频数统计表[①]

区间 (元)	税前每股现金股利		税后每股现金股利	
	频数	累计百分比频数(％)	频数	累计百分比频数(％)
0～0.1	2 037	54.2	2 264	60.33
0.1～0.2	1 090	83.21	1 008	87.18
0.2～0.3	371	93.08	291	94.94

---

① 样本筛选的过程请详见第五章。

续表

区间	税前每股现金股利		税后每股现金股利	
（元）	频数	累计百分比频数（%）	频数	累计百分比频数（%）
0.3～0.4	144	96.91	125	98.27
0.4～0.5	74	98.88	38	99.28
0.5～0.6	18	99.36	13	99.63
0.6～0.7	10	99.63	5	99.76
0.7～0.8	6	99.79	5	99.89
0.8～0.9	2	99.84	3	99.97
0.9～1.0	5	99.97	0	99.97
1.0～3.0	1	100	1	100

资料来源：从 WIND 数据库取得有关数据整理而成。

表 3-2　影响现金股利支付的相关法律法规

时　间	法律/法规名称	内　容
1999 年 3 月 27 日	《中国证监会关于上市公司配股工作有关问题的通知》	允许配股的条件是：上市时间超过 3 个完整会计年度的公司，最近 3 个完整会计年度的净资产收益率平均值在 10% 以上；上市时间不满 3 个完整会计年度的，按上市后所经历的完整会计年度平均计算；属于农业、能源、原材料、基础设施、高科技等国家重点支持行业的公司，净资产收益率可略低，但不得低于 9%；上述指标计算期间内任何一年的净资产收益率不得低于 6%。
2000 年 3 月 16 日	《关于上市公司配股工作有关问题的补充通知》	公司应在《配股说明书》中增加第五部分，详细说明公司上市后历年分红派息的情况。

续表

时　间	法律/法规名称	内　容
2001年3月15日	《关于做好上市公司新股发行工作的通知》	上市公司申请配股或增发新股,除应当符合《上市公司新股发行管理办法》的规定外,还应当符合下列条件:经注册会计师核验,公司最近3个会计年度加权平均净资产收益率平均不低于6%;扣除非经常性损益后的净利润与扣除前的净利润相比,以低者作为加权平均净资产收益率的计算依据;设立不满3个会计年度的,按设立后的会计年度计算。
2001年3月28日	《上市公司新股发行管理办法》	担任主承销商的证券公司应当重点关注下列事项,并在尽职调查报告中予以说明:(七)公司最近3年未有分红派息,董事会对于不分配的理由未作出合理解释;(九)公司资金大量闲置,资金存放缺乏安全和有效的控制,或者大量资金用于委托理财。
2004年12月7日	《关于加强社会公众股股东权益保护的若干规定》	第四条,上市公司应实施积极的利润分配办法:(一)上市公司的利润分配应重视对投资者的合理投资回报。(二)上市公司应当将其利润分配办法载明于公司章程。(三)上市公司董事会未作出现金利润分配预案的,应当在定期报告中披露原因,独立董事应当对此发表独立意见;上市公司最近3年未进行现金利润分配的,不得向社会公众增发新股、发行可转换公司债或向原有股东配售股份。
2006年5月8日	《上市公司证券发行管理办法》	公开发行证券条件的一般规定要求:最近3年以现金或股票方式累计分配的利润不少于最近3年实现的年均可分配利润的20%。向不特定对象公开募集股份(简称"增发"),除符合本章第一节规定外,还应当符合下列规定:最近3个会计年度加权平均净资产收益率平均不低于6%。扣除非经常性损益后的净利润与扣除前的净利润相比,以低者作为加权平均净资产收益率的计算依据。

数据来源:根据中国证监会网站公布的相关资料整理而成。

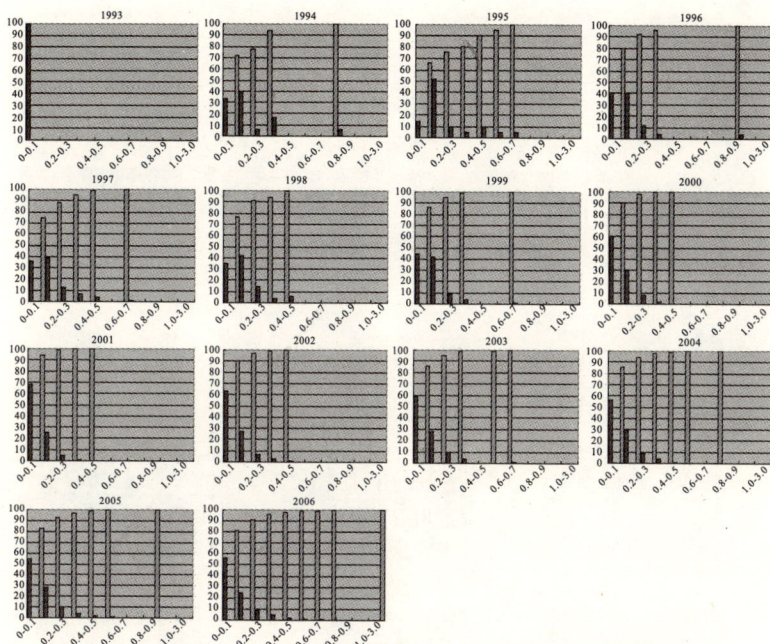

图3-1　分年度统计的上市公司税后每股股利百分比频数图

注:图中横轴为税后每股股利金额的区间分布(单位:元),纵轴中深色柱为百分比频数(%),浅色柱为累积百分比频数(%)。

再次,从行业分布上看,我国上市公司股利群聚现象在不同的行业有不同的表现。换句话说,不同行业的上市公司的股利支付额集中于不同支付水平,集中的程度也存在不同。图3-2列示了不同行业每股股利的百分比频数和累积百分比频数。从不同行业股利群聚程度看,大多数行业的上市公司股利支付水平都呈现高度集中状,它们有近80%以上,甚至90%以上的税后每股股利都在0和0.2元之间,但也有少数行业(例如采掘业)股利支付相对分散,近70%的每股股利落在(0,0.2]区间上。而从不同行业股利群聚的支付数额看,一些行业每股股利群聚落在(0,0.1]区间,例如农,林,牧,渔业,制造业中的木材、家具、造纸、印刷、石油化工、电子等行业,信息技术行

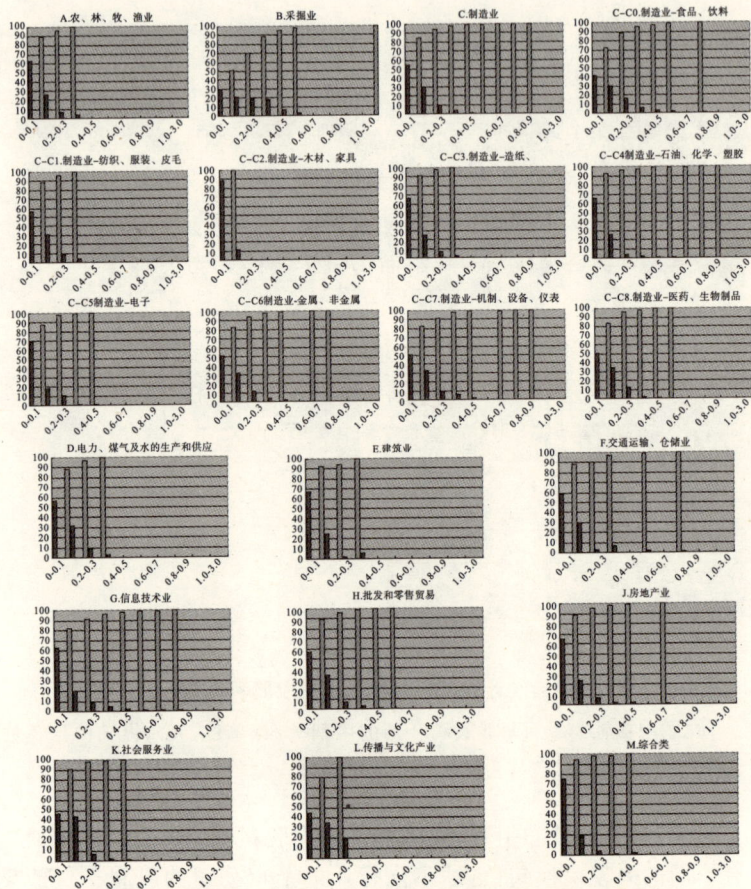

图 3-2　分行业统计的上市公司税后每股股利百分比频数图

　　注：图中横轴为税后每股股利金额的区间分布（单位：元），纵轴中深色柱为百分比频数（%），浅色柱为累积百分比频数（%）。

　　业，房地产行业等，它们均有超过 60% 的每股股利落在 (0,0.1] 区间。而另一些行业，例如制造业中的食品、饮料、纺织、服装、皮毛、金属和非金属、机械设备和仪表、医药和生物制品业，煤气、电力及水业，批发和零售贸易业，社会服务业，文化与传媒业等，它们有超过

30％的每股股利落在(0.1,0.2]区间上。

最后,从国际比较上看,即使我国上市公司的股利支付水平存在某种程度的集中,然而这一集中程度是否是正常的呢? 换句话说,能否认为股利的集中程度已经可以称为"群聚"了呢? 图 3-3 将我国上市公司的股利离散程度与同时期美国上市公司的股利离散程度进行了比较。结果显示,我国上市公司每股现金股利的离散程度(以变异系数来衡量)平均值仅有 0.77,而美国上市公司每股现金股利的离散程度平均值为 3.59。相比同一时期美国的上市公司,我国上市公司每股现金股利离散程度不足美国上市公司每股现金股利分散程度的 1/4。因此,笔者认为我国上市公司的股利支付存在美国上市公司所没有的新的异象,可称之为股利"群聚"现象。

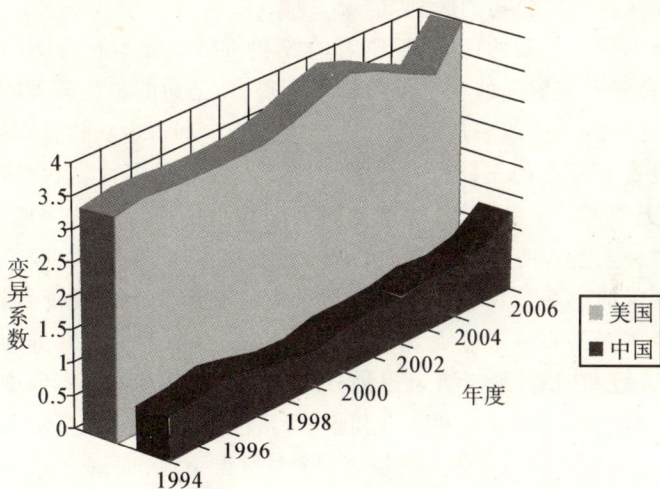

图 3-3 中国与美国上市公司每股现金股利离散程度对比图

资料来源:我国上市公司数据从 WIND 数据库取得有关数据整理而成,美国上市公司数据由 Compust 数据库的数据整理而成。[1]

---

[1] 样本筛选方法同 Fama 和 French(2001)。

第二节 | 西方传统理论与股利群聚现象

股利政策是现代财务理论中最经典的研究领域之一,西方传统股利政策理论已经历经半个多世纪,发展出包括追随者效应理论、信号理论、代理成本理论为代表的一系列理论假说。那么,我国上市公司的股利"群聚"现象能否用西方传统股利政策理论来解释呢?如果不能,是什么制度背景导致传统股利政策理论失灵了呢?

第一,从税收角度出发的股利理论无法解释股利"群聚"问题。一方面,税差理论不适合中国国情;另一方面,追随者效应理论也无法解释我国上市公司的股利"群聚"现象。

根据税差学派的理论,投资者的股利所得和资本利得面临不同税率,投资者应该偏好税率低的资本利得,而公司的最优政策则是保留所有的收入,让股东从股票升值产生的资本利得中获得投资收益。我国投资者面临的不同税种主要包括印花税和所得税,但我国法律规定,无论何种交易主体,均享受同种印花税税率,因此影响股利政策的税种主要为所得税。同时,不同的纳税主体(投资者)面临不同的所得税的税率。我国投资者包括个人投资者和企业投资者,其中企业投资者又有一般企业和机构投资者之分,前者可以划分为流通股、法人股和国有股,后者可以划分为证券公司和基金。不同交易主体被征收的股利所得税和资本利得所得税税率如表 3-3 所示。从表 3-3 中可以发现,对于个人投资者,资本利得免税,而现金股利则征收 20% 所得税;对于流通股股东、证券公司和基金,资本利得和现金股利税率相等;而对于法人股和国有股,现金股利是免税的,资本利得虽然也免税,但是由于其非流通性质,资本利得是无法获得的。根据税差理论,个人投资者应该偏好资本利得,法人股和国有股应该偏好现金股利,其他投资者则应该无偏好。此时不存在一致的投资者偏好,公司的股利政策就无法通过税差理论得到推导。因此,税差理论不适合我国国情。

表 3-3 我国投资者股利和资本利得所得税税率对比表

不同证券交易主体			适用的证券交易印花税税率	适用的所得税税率(%)			
				现金股利	利润送股、盈余公积转增	资本公积转增股本	资本利得
个人投资者				20	20	0	0
企业投资者	一般企业	流通股	无论何种交易主体均享受同种税率	33	0 (并入企业所得总额,33)	0 (并入企业所得总额,33)	0 (并入企业所得总额,33)
		法人股和国有股		0	0	0	0 (不能流通)
	证券公司自营业务			33	33	33	33
	证券投资基金			20	20	0	20

注:2005 年 6 月 13 日起,个人投资者红利、红股所得税减 50%,即按照 10%征收。

数据来源:根据国家税务总局、财政部和证监会网站公布的相关资料整理而成。

追随者效应理论也无法解释我国上市公司的股利"群聚"现象。这是因为,追随者效应理论强调不同的边际所得税率会导致投资者对股利的态度不一样——高收入者的边际所得税率较高,通常偏好低股利或不支付股利的公司;而养老基金等边际所得税率较低的投资者,则可能偏好高股利支付率的股票。不同的股利政策都能吸引不同税收水平的投资者,但是如果投资者根据自己的边际所得税率来选择不同股利支付水平的公司,那么不同收入层次的不同边际所得税率将导致公司的股利政策呈现出多元化趋势,而不是单一化、集中化。换句话说,股利水平的分布应该是相当分散的,不可能出现"群聚"现象。

第二,传统的信号理论也无法解释股利"群聚"现象。传统股利信号理论认为,管理者与外部市场之间存在信息不对称,管理者掌握着关于公司未来现金流的内部信息,他们可以利用股利向资本市场传递未来前景良好的信息。但是,现金股利作为信号传递工具是有成本的,信号成本有效阻止了其他公司的模仿行为,最后的结果是市场上形成了分离均衡,好公司和坏公司得以区分。如果根据传统信号理论,前景良好的公司应该通过支付高股利使自己与其他公司区分开来,但我国上市公司的股利"群聚"则恰好相反,众多的公司无论过去收益好坏,未来前景如何,支付的股利数额十分类似,这显然不能用传统信号理论加以解释。

第三,代理理论同样无法解释股利"群聚"现象。一方面,以自由现金流量假说为代表的传统代理理论由于其研究背景和强调特定的公司类型,使它不能很好地解释中国股利现象。另一方面,以股利的法律保护解释为代表的第二代代理成本理论也难以解释股利"群聚"现象。

根据股利的自由现金流量假说,管理者和投资者之间存在利益冲突,当公司有较多自由现金流时,这种利益冲突更为严重,而问题的核心就在于如何使管理者吐出现金,而不是投资于收益率低于资本成本的投资项目,或者浪费在组织的无效扩张中。公司通过股利支付能够迫使管理者吐出现金,并且引入外部监督机制,这降低了代理成本,调和了利益冲突。但是,代理理论是建立在股权较为分散的西方国家资本市场的研究背景之上,而我国上市公司股权却较为集中,公司的利益矛盾主要在大股东和中小股东之间产生,而非管理者和外部股东之间。而且,代理理论和自由现金流量假说主要强调那些产生了大量现金流但成长水平较低的公司,认为支付现金股利能够增加此类公司的价值,但它不能说明其他类型的公司应该采取什么股利政策,为什么采取该股利政策。

股利的法律保护假说认为,大股东和中小股东之间存在代理问题,如果没有法律保护,大股东可以随意攫取公司财富。随着投资者得到的法律保护不断增强,大股东必须寻求更隐晦、成本更高的剥削方法。在中小投资者所受的法律保护相当健全的情况下,支付股利也会成为剥削的唯一方法。但是,我国资本市场方兴未艾,针对投资者的相关法律保护正在逐步完善,目前投资者的法律保护水平正在不断提高,但是还有很长的路要走,远远谈不上"相当完善"。此时大股东剥削中小股东的方法可能很多,那么支付股利是否是其中的一种剥削手段? 如果是,大股东为何舍弃其他成本可能更低的手段而选择支付股利? 这些都是股利的法律保护假说所不能回答的。

　　综上所述,西方传统股利政策理论或者是自身理论假设存在局限性,或者是仅适用于西方资本市场而不符合中国的国情,均无法对我国上市公司的股利"群聚"现象作出合理的解释。那么,究竟为何会出现股利"群聚"现象呢? 我们的确需要在西方传统股利政策理论之外另辟蹊径,寻找新的理论假说。

第四章　行为股利政策

第一节　行为股利政策理论的提出

2002 年,瑞典皇家科学院宣布将该年度诺贝尔经济学奖授予心理学家 Kahneman,以表彰他将研究人类决策与判断的心理学研究成果带入经济学的研究中,为现代经济学理论和研究方法注入了新的见解。诺贝尔经济学奖这次超越常规的举动表明,经济学界已经充分认识到心理和行为因素对于经济学研究具有重要的意义。

虽然在股利政策领域已经有大量的研究,但是心理和行为因素往往被忽视,不过仍有一些研究强调这些因素有助于促进我们对股利政策的理解(Miller,1986)。这些研究早期被称为行为学派或行为模型(Behavior model)(Frankfurter 和 Wood,2002;Dong 等人,2005)。严格地说,这些研究并不能算一个学派,只是一部分学者从心理和行为的角度提出的一些观点的集合,在 Lease 等人(2000)看来,它们仍然属于"不完美市场框架下股利政策的相对少数的研究"①。然而,行为学派早期成果虽然为数不多,但研究者却可算是大名鼎鼎,并且他们所研究的问题恰好是传统股利政策始终解决不好的两个问题。

---

① Lease,R. C. ,John,K. ,Kalay,A. ,Loewenstein,U. ,and Sarig,O. H. ,*Dividend Policy*,Boston:Harvard Business School Press,2000. 转引自 Baker,H. K. ,Powell,G. E. and Veit,E. T. ,Revisiting the Dividend Puzzle:Do All of the Pieces Now Fit? *Review of Financial Economics*,11,2002,pp. 241~261.

　　第一个问题是关于管理者观点和股利平滑问题。Lintner (1956)最早对股利平滑问题提出解释,他所提出的股利模型被认为是第一个关于管理者观点的研究(Baker、Veit 和 Powell,2001),也是第一个现金股利的行为模型(Miller,1986)。Lintner 在询问了 28 家公司经理人、调查了 15 个与股利决策相关的变量之后,得出了以下结论:管理者考虑的是每一期股利的变化,而不是股利的绝对数量;影响股利支付的最重要因素是股利支付率相对目标股利支付率的偏离。Lintner 解释道,公司的管理者倾向于把实际的股利支付率朝目标股利支付率进行调整,把股利变化平滑化,这是因为管理者相信,股东总是偏好稳定的现金股利支付而不是波动的股利。Lintner 用一个数学模型来描述股利决策的过程,并付诸实证检验,他发现模型竟然解释了股利年度变化的 85%。Fama 和 Babiak(1968)后来验证了 Lintner 的模型和观点,Benartzi、Michaely 和 Thaler(1997)也认为,虽然在 Lintner 模型之后还有很多其他模型,但是 Lintner 模型仍然是描述股利政策制定过程的最好的模型。

　　第二个问题是投资者为什么偏好现金股利。行为学派的观点认为正是由于投资者的现金偏好驱动了公司的股利政策。对这一观点的证明直接得益于 20 世纪 80 年代心理学、行为学和实验经济学的相关研究成果,最有代表性的研究来自 Shefrin 和 Statman(1984)。他们基于自我控制理论(the theory of self-control)和前景理论(prospect theory)总结了三种现金股利偏好的解释:其一,根据 Thaler 和 Shefrin(1981、1983)提出的自我控制理论,现金股利能够帮助投资者减少自我控制带来的痛苦,增加投资者的主观效用。投资者限制自己只能利用股利来满足日常消费,而不是动用资本(出售股票),对投资者而言,股利政策成为一种外在的控制机制,所以他们更偏好支付现金股利的公司。其二,根据 Kahneman 和 Tversky (1979)提出的前景理论,投资者对损失和收益抱有不同的风险态度。Shefrin 和 Statman 认为人们通常会混淆形式和后果,他们对确定性的股利、不确定性的收入或损失有不同的判断。[1] 通过买入支付现金股利的股票,投资者钦佩自己基于预期收入的深谋远虑。他们把股票增值的潜在收入当作一个额外增加的好处。而当股票价值跌破买价时,他们可以用现金股利安慰自己。这种观点后来被发展为心理账户理论。其三,根据 Thaler(1980)、Kahneman 和 Tversky(1982)发展出来的后悔厌恶理论,对投资者来说为了消费而出售股票后,万一股价上升,带来后悔的程度要比用股利进行消费要高得多。投资者偏好现金股利是因为对后悔的厌恶。Shefrin 和 Thaler(1988)把上述第二种解释发展成为投资者心理账户理论(Mental Accounts),并把这三种理论归结起来,提出储蓄的行为生命周期假说(the behavioral life-cycle hypothesis)。他们认为,投资者把财富分存为三类心理账户:当前收入、当前资产和未来收入,而且投资者会对提前支出未来收入较为反感。所以,当公司削减股利,使投资者不得不出售股票而提前消费代表未来收入的资本利得时,股东心理上就可能存在障碍,从而令投资者对这类股票的价值进行低估。对于从非理性的角度解释股利问题,Shefrin 和 Statman 总结道:"如果从两个新的行为选择理论出发(自我控制理论和前景理论),投资者的现金股利倾向是很自然的。虽然对于标准的财务理论观点来说,我们的视角非常新奇,但是它为长期以来被看作谜题的现象提供了解释。"[2]

---

① Shefrin 和 Statman 也指出,其实 Kahneman 和 Tversky 的前景理论还可以解释股利的其他几个问题。其中比较突出的两个是:(1)前景理论认为,人对损失的痛苦感觉远远比收入喜悦大,这可以解释"为何股利减少公告比股利增加公告在市场上有更大的影响"的问题。(2)前景理论也为"为何把股利分成正常和超常两部分能够传递信息"提供了解释。见 Shefrin, H. M. and Statman, M.,Explaining Investor Preference for Cash Dividends,*Journal of Financial Economics*,13,1984,p. 267.

② Shefrin, H. M. and Statman, M., Explaining Investor Preference for Cash Dividends,*Journal of Financial Economics*,13,1984,p. 253.

Shefrin 等人的行为学观点立刻遭到了 Miller 的回应和反击。Miller 在《财务学上的行为理性：关于股利问题》一文中积极捍卫理性主义的传统股利理论，他指出："我撰写此文的目的是为了展示财务学中基于理性市场的一般均衡模型，特别是股利模型，它们都是生动而且有用的——至少不比经济学中其他的模型坏。这个框架（指传统股利理论的研究框架）也不应该因为股利异象的存在而被看低。"[1]他认为 Shefrin 和 Statman（1984）的模型并不是一个正式构建的模型（既不基于效用最大化，也不基于成本或损失最小化），而且行为学派观点的适用范围有限。他还特别指出："行为和认知因素对于直接持有大量股票的个人投资者更可能产生大的影响……对他们而言，股利不仅仅是经济模型所描述的'一揽子回报'。每个持有选择的背后可能都有一个关于家庭事务、争吵、遗产继承、离婚调解等等其他的与我们的理论不相关的考虑。我们不从这些问题考虑不是因为它没有趣味，而恰恰是因为它太有趣了，使我们无法将其作为研究市场力量的主要关注点。"[2]

不过 Miller 并不反对在传统股利理论中引入一些行为和认知因素，他在文中也多次承认："在大多数微观决策的蓝图上，行为的因素是非常重要的组成部分……它不应该被忽略。""把行为因素引入股利政策的解释是很自然的，因为它可能有助于解释长期以来的异象。"[3]"在不久的将来，很可能也很需要对这些模型从行为和认知角度进行完全的重新构建。"[4]实际上，Miller 本人也在行为股利政策

---

①　Miller, M. H, Behavioral Rationality in Finance: The Case of Dividends, *Journal of Business*, 59, 1986, p. 466.

②　Miller, M. H, Behavioral Rationality in Finance: The Case of Dividends, *Journal of Business*, 59, 1986, p. 467.

③　Miller, M. H., Behavioral Rationality in Finance: The Case of Dividends, *Journal of Business*, 59, 1986, p. 451.

④　Miller, M. H., Behavioral Rationality in Finance: The Case of Dividends, *Journal of Business*, 59, 1986, p. 451.

提出的过程中有很大的贡献——1981 年, Miller 将他的同事 Muth 提出的理性预期概念用于分析股利政策, 提出了股利的理性预期假说。[①] Miller 举了一个例子: 1980 年美国大选时布什看起来是以60% 的得票率获胜了, 但是美国人认为他的竞选十分失败, 因为他做得比人们期待的差(本来人们预期他的得票率达到 75%)。同样, 为何 MM 定理在实务中不能成立, Miller 还作了一种生动的比喻: 笔直的木棍放到水中, 看起来就像弯了一样, 其实这完全是人的错觉。股利原本是无关的(就如同木棍原本是直的), 人们的预期与实际的差异使得股利看起来相关了。

2003 年, 德国学者 Gurtler 和 Hartmann 的工作论文《行为股利政策》进一步延续了 Miller 将预期股利与实际股利相比较的学术思想。他们根据 Bell(1985)的失望理论[②], 基于投资者效用最大化建立了股利行为模型。Gurtler 和 Hartmann 把有限理性的投资者对风险选择效用的失望函数与 Von Neumann 和 Morgenstern 效用函数直接组合起来, 认为效用不仅依赖于实际达到的结果, 而且依赖于效用对预期参考点的偏离——只要效用高于预期参考点, 投资者就感到得意, 否则感到失望。虽然 Gurtler 和 Hartmann 的论文仅仅是

---

① Muth, J. E., Rational Expectations and the Theory of Price Movement, 具体期刊和发表日期不详。Miller 将本文与 MM(1961)并列为股利政策的两篇重要文献。见 Miller, M., Can Management Use Dividends to Influence the Value of the Firm in the Revolution in Corporate Finance, edited by Joel M. Stem and Donald H. Chew Jr., Basil Blackwell, 1987, pp. 299~303。转引自李长青:《当代股利政策发展的综合性评述与股利信号理论的实证研究》, 博士论文, 第48 页。

② 失望理论是 Bell(1982)、Loomes 和 Sugden(1982)同时提出的, 它与后悔理论的区别在于, 前者的失望情绪来自决策结果与过去或决策之前的预期结果之间的比较, 而后者的后悔情绪来自两个不同选择的后果之间的比较。这两个理论的共同结果是, 即使存在税收不利因素, 投资者对股利的偏好仍然可能高于资本利得。

针对投资者的现金股利偏好问题和股利波动为何小于盈利波动的问题,但是他们用较为严格的证明过程建立了基于效用最大化的经济学模型,并首次把"行为股利政策"这一名称正式提出来,使之正式登上了股利政策研究的舞台。但遗憾的是,Gurtler 和 Hartmann(2003)虽然在标题的重要位置提出了"行为股利政策",但文中并未对它的内涵和外延进行研究和拓展,只是指出行为股利政策是行为公司财务的一个组成部分。

那么,行为股利政策今后可能的发展方向如何呢? Shefrin(2001)认为,行为公司财务关注公司价值最大化的过程中存在的两个主要行为障碍,它们分别来自公司的内部和外部。第一个障碍称为行为成本,它是与管理者认知不完全和情绪影响所带来的错误有关的成本或者价值损失。第二个障碍来自分析师和投资者的行为错误,这些错误造成了基础价值和市场价值之间的割裂。[1] Baker、Ruback 和 Wurgler(2004)也指出,行为公司财务研究有两种基本研究方法,一种假设管理者是理性的而投资者(市场)是非理性的,另一种则假设管理者是非理性的而投资者(市场)是理性的。那么行为股利政策的发展之路应该何去何从? 过去,股利行为学派的研究(Shefrin 和 Statman,1984;Miller,1981 等)主要都是强调投资者非理性对股利政策的影响(自我控制、后悔厌恶、心理账户、预期效用理论等)。Baker 和 Wurgler(2006)认为,行为公司财务对股利政策现有的研究方法主要是假设管理者理性而投资者非理性。而且,如果沿袭管理者理性而投资者(市场)非理性的研究方法,今后股利领域还有大量有趣而重要的问题有待解答。例如,如果管理者是理性的,非理性的投资者是否会影响他们的股利支付行为? 或者说,当股票市场价格明显偏离公司的真实价值时,致力于实现公司真实价值最大化的理性管理者将如何制定股利政策? 存在代理问题时,理性的管

① Shefrin, H. M. , Behavior Corporate Finance, *Journal of Applied Corporate Finance*, 14, 2001, p. 2.

理者是否会利用投资者(市场)的非理性,选择自身私利最大化的资本配置行为? 因此,假设管理者理性而投资者(市场)非理性的研究方向很可能仍然是行为股利政策的主要研究方向。

在接下来的两部分中,本书分别从股利迎合理论和管理者羊群行为两个角度展开论述,对管理者心理和行为影响股利政策的现有文献进行回顾和梳理,研究管理者理性而投资者(市场)非理性或非完全理性情况下,行为股利政策理论可能的新发展。

第二节 股利迎合理论

一、迎合理论的产生背景

股利政策研究发展了数十年,财务学家通过研究公司股利行为挖掘出很多有趣的股利现象,包括 20 世纪 50 年代股利的平滑现象(Lintner,1956)和特别股利(Special Dividends)现象,到 80 年代中期股票回购的盛行(Bagwell 和 Shoven,1989;Allen 和 Michaely,1995)等等。Fama 和 French(2001)发现的"不断消失的股利"现象是 21 世纪之初股利领域的最新异象。

在 Fama 和 French(2001)的这篇重要文献中,他们利用纽约证券交易所、美国证券交易所和纳斯达克的非金融、非公共事业公司的样本,发现股利政策随着时间的推移产生了重大变化:从 1978 年到 1999 年,支付股利的公司数占所有公司数的比例从 67% 锐减到 21%。他们追踪这一比例的下降原因,认为一部分是由公司的特征变量(公司规模、盈利能力和投资机会)决定的。这可能是因为近年来很多新上市的公司(例如生物和计算机等高科技公司)普遍都缺少支付股利的公司的特征,所以股利支付的意愿(the propensity to pay cash dividend)不断减少。但是随后他们又发现,即使在控制了公司特征之后,不管是利用构造投资组合方法还是采用 Logistic 回归方法,支付股利的公司比例仍然大幅下降,公司支付股利的意愿也依旧越来越小。从这个意义上看,从 1978 年起,股利开始"消失"了。

"不断消失的股利"现象引起了西方财务学家热烈的讨论和研究,他们很快发现,这个现象不仅存在于美国的证券市场,还广泛存在于其他国家。例如 Benito 和 Young(2001)、Ferris、Sen 和 Yui(2006)就发现,在 20 世纪 90 年代后期,英国也出现了"股利消失"的现象。Denis 和 Osobov(2008)研究了美国、加拿大、英国、德国、法国和日本的上市公司,发现在 1989 年至 2002 年间,上述国家支付股利的公司的比例都有所下降。其中美国的下降幅度最大,日本最小。这些证据表明,"不断消失的股利"现象在上述国家的证券市场上普遍都存在,只是程度轻重不同而已。

针对"不断消失的股利"现象,财务学家着手从不同的理论出发提出了各种不同的解释[1],其中最著名的解释之一就是股利迎合理论。Baker 和 Wurgler 连续发表两篇文章,其中第一篇用于提出迎合理论,第二篇则是把迎合理论与"不断消失的股利"现象紧紧联系起来。[2]

其实早在 1978 年,迎合(catering)的思想已经出现萌芽。当时 Long 就曾经提出,1956 年之前美国的公共事业类公司存在两类普通股,它们除了股利支付不同外,其他各方面完全相同。其中一种只支付股票股利,而另一种只支付现金股利。同时公司法还规定,两种股票每股股利的价值必须完全相同。Long 发现,即使在如此情形之下,公司股东仍然为支付现金股利公司的股票支付更高的价格,为股

---

① 除了股利迎合理论之外,还包括信号理论、交易成本、流动性等等。

② Baker 和 Wurgler(2004b)写道:"总之,本文的结论把 Fama 和 French (2001)与 Baker 和 Wurgler(2004)两篇文章相互联系起来。"见 Baker,M. and Wurgler,J.,Appearing and Disappearing of Dividends:the Link to Catering Incentives,*Journal of Financial Economics*,73,2004b,p. 273.

票股利公司的股票支付更低的价格,而且二者之间的相对价差还是浮动的。这个独特的现象表明,投资者可能把每股股利当成一个无声的特征,给予支付股利公司的股票更高的溢价,而这一特征反过来又增强了公司支付现金股利的迎合动机。

关于迎合理论的研究框架,Baker 和 Wurgler 指出:"我们在非有效市场下研究投资者非理性而管理者理性,这一研究方法植根于 Fischer 和 Merton(1984),De Long、Shleifer、Summers 和 Waldmann(1989),Morck、Shleifer 和 Vishny(1990b),以及 Blanchard、Rhee 和 Summers(1993)的研究框架,但是绝大部分特别借鉴自 Stein(1996)。"[①]其中,投资者非理性的假设正属于 Shefrin(2001)提出的"公司行为财务关心的两类行为障碍"之一,符合 Shefrin 所定义的"由于投资者的行为错误"导致"基础价值和市场价值之间的割裂"的特征。另外,行为学派学者 Shefrin 和 Statman(1984)基于自我控制问题、前景理论和后悔理论,提出了投资者股利偏好的行为理论,他们的研究为投资者的非理性偏好提供了解释,同时他们关于股利是管理者对投资者偏好的满足的学术思想也在迎合理论中得到了延续和发展。Baker 和 Wurgler(2004a)坦承,迎合理论的分析思路"在把管理者决策当作对证券市场误定价的理性反应方面与 Shefrin 和 Statman 的研究是很相似的。"[②]

[①] Stein(1996)研究的是关于资本预算的问题:当对股票回报率的预测反映了投资者的非理性而不是基础的风险补偿时,理性的管理者应该怎么做? 见 Stein,J. C. ,Rational Capital Budgeting in an Irrational World,*Journal of Business*,69,1996,pp. 429～455;见 Baker,M. ,Ruback,R. S. ,and Wurgler,J. ,Behavioral Corporate Finance:A Survey,working paper,Harvard Business School,2004,p. 6.

[②] Baker,M. and Wurgler,J. ,A Catering Theory of Dividends,*Journal of Finance*,3,2004a,p. 1127.

二、理论研究

　　Baker 和 Wurgler(2004a)通过理论推导和实证分析发现，管理者支付股利的行为是由投资者对股利支付公司表现出来的需求所驱动的。这种需求导致支付股利和不支付股利的股票之间形成所谓的"股利溢价"(dividend premium)。当投资者愿意为支付股利的公司股票付出股利溢价时，管理者开始支付股利。反之，当投资者为支付股利的公司股票付出的股利溢价为负数时，管理者就不支付股利了。管理者理性地迎合了投资者对现金股利的不断变化的需求，这就是著名的"股利迎合理论"。

　　为了从理论上进行推导，Baker 和 Wurgler 首先指出，MM 定理中目前唯一未经彻底检查的假设就是有效市场的假设，而有效市场理论是建立在有限理性和有限套利这两大基石之上的，因此股利迎合理论也是以此为基础，从三个基本假设出发进行考虑的。

　　首先，为何假设投资者的需求是异质的？Baker 和 Wurgler 提出，大量研究表明，实际上投资者经常是对证券聚类后再分析决策，并且有充分的理由认为，投资者常常以是否支付股利作为标志进行分类（Barberis 和 Shleifer，2004；Barberis、Shleifer 和 Wurgler，2001；Greenwood 和 Sosner，2001）。同时，投资者是否支付的偏好也常常发生改变，造成其偏好改变的原因包括：投资者风险承受能力（或投资者情绪）的变化、投资者对未来公司投资机会预期的改变（Shiller，1984、2000）、税收等市场摩擦的变化、其他类别推断的影响（Mullainathan，2002），以及投资者对现金股利的偏好（Thaler 和 Shefrin，1981；Shefrin 和 Statman，1984）。上述原因导致投资者股利需求的有限理性，使他们按照是否支付股利来对股票先归类再决策。

　　其次，为何假设套利机会的缺乏会影响股价？如果存在套利机会，对于支付股利的公司对股票价格产生的影响，套利者总是能够寻找到"完美替代品"(perfect substitute)来消除这种影响,从而消除股利溢价,使是否支付股利都没有差别。但在实际市场上,套利机会是有限的:一方面,无法找到"完美替代品"使得套利者暴露于基础风险之下;另一方面,即使存在"完美替代品",套利者还面临噪声交易者风险。此外,市场还存在交易成本。Baker 和 Wurgler 指出,套利机会的缺乏使投资者对股票的误定价无法及时得到纠正。

最后,为何假设管理者能够理性地迎合投资者的需求呢?对于管理者是否具有迎合的能力,Baker 和 Wurgler 给出了以下解释:[①]第一,公司管理者掌握了公司的内部信息(Muelbroek,1992;Seyhun,1992;Jenter,2004)。第二,公司内部的管理者比外部的基金经理更自由,一旦发现股票被高估,就可以通过增发股票的方式扩大供给、降低股价,而外部基金经理却要受限于套利的有限性、卖空的限制以及意外风险。第三,即使管理者没有信息优势,也可能遵循经验法则来辨别错误定价。例如,当市场极具流动性且发行公告对股价的影响微乎其微时,可以发行新股(Baker 和 Stein,2004)。对于管理者是否会理性地迎合投资者的需求,Baker 和 Wurgler 认为这是个实证问题,大量研究都表明这些假设下管理者倾向于追求短期股价胜于追求长期股价(Miller 和 Rock,1985;Stein,1989;Shleifer 和 Vishny,1990;Blanchard、Rhee 和 Summers,1993 以及 Stein,1996)。所以,无论是从迎合能力还是从迎合意愿来看,都有理由假设管理者能够理性地迎合投资者的需求。

基于以上三个基本假设,股利迎合理论模型的主要推导过程如下:

假设市场上投资者可以严格区分发放股利的公司和没有发放股利的公司。这里考虑的是股利发放的极限情况,即要么发,要么不发,而不是少发和多发的问题。

假设公司发行在外的普通股数为 Q,在 $t=1$ 时,公司的每股清

---

① Baker, M., Ruback, R. S., and Wurgler, J., Behavioral Corporate Finance: A Survey, working paper, Harvard Business School, 2004, p. 5.

算价值服从分布 $V=F+\varepsilon$，其中 ε 为服从 $N(0,1)$ 的误差项。在 $t=0$ 时，公司可以选择是否发放每股股利 $d\in\{0,1\}$。如果发放每股股利 d，清算价值将减少 $d(1+c)$，其中 c 为股利代价因子，即对股利政策和投资政策的权衡成本。假设市场上只存在套利者（arbitrageur）和聚类投资者（category investor），他们的绝对风险厌恶测度 $R_a(w)$[①] 为常数。对套利者来说，$R_a(w)=\gamma^A$，他们知道支付股利的后果，能理性地预期公司清算价值的分布，即公司如果没有支付股利，清算价值为 F；如果支付了股利，清算价值为 $F-c$，即：[②]

$$V=\begin{cases}F & d=0\\ F-c & d=1\end{cases} \tag{4-1}$$

对聚类投资者来说，$R_a(w)=\gamma^C=\gamma$，他们不清楚发放股利的后果，只能非理性地预期期末公司清算价值的分布。这种非理性预期反映了对不同特性股票的不一致的需求，也反映了投资者的有偏推断即高估同类公司（发放股利或不发股利）中的有关该类的信息（Mullainathan，2002）。他们把没支付股利的公司看成增长型的公司，如果没有支付股利，清算价值为 V^G；如果支付了股利，清算价值为 V^D。因此有：[③]

$$V=\begin{cases}V^G & d=0\\ V^D & d=1\end{cases} \tag{4-2}$$

若上述条件满足，那么对不同的投资者来说，他们的需求函数可

[①] 绝对风险厌恶测度指阿罗－帕拉特测度，即 $R_a(w)\equiv-\dfrac{U''(w)}{U'(w)}$，式中分子和分母分别是投资者效用函数的二次导数和一次导数。

[②] 因为发放股利 d 的时候，清算价值减少 $d(1-c)$，所以 $V=\begin{cases}F & d=0\\ F-c & d=1\end{cases}$ 中的 $F-c$ 似乎应该为 $F-c+1$。

[③] 为了简化问题，假设这种非理性的预期只是对平均值的偏差估计，而不是对平均值分布的偏差估计。

以表示为：

$$D_0^k = \gamma^k(E(V) - P_0)，其中 k = A 或 C \tag{4-3}$$

对套利投资者来说，其需求函数为：

$$D_0^A = \gamma^A(E(V) - P_0) = \begin{cases} \gamma^A(F - P_0)， & d = 0 \\ \gamma^A(F - c - P_0)， & d = 1 \end{cases} \tag{4-4}$$

对聚类投资者来说，其需求函数为：

$$D_0^C = \gamma^C(E(V) - P_0) = \begin{cases} \gamma^C(V^G - P_0)， & d = 0 \\ \gamma^C(V^D - P_0)， & d = 1 \end{cases} \tag{4-5}$$

由于 $D_0^A + D_0^C = Q$，可以解得支付股利公司的股价 P^D 和增长型公司的股价 P^G 如下：

$$P_0 = \begin{cases} P_0^D \equiv \dfrac{\gamma}{\gamma + \gamma^A}V^D + \dfrac{\gamma}{\gamma + \gamma^A}(F - c) - \dfrac{Q}{\gamma + \gamma^A} \\ P_0^G \equiv \dfrac{\gamma}{\gamma + \gamma^A}V^G + \dfrac{\gamma}{\gamma + \gamma^A}F - \dfrac{Q}{\gamma + \gamma^A} \end{cases} \tag{4-6}$$

考虑到对股票价格的影响，管理者面临支付股利还是不支付股利的决策。假设管理者是风险中性者，他们既关注当前股价也关注公司价值的总体分布。而不论管理者做何种选择，都是通过股利代价因子 c 来影响结果。假定管理者对股价 P_0 和股利代价因子 c 分别赋予权重 $1-\lambda$ 和 λ，因此管理者面临的决策问题就是：

$$\text{Max}(1-\lambda)P_0 + \lambda(-dc) \tag{4-7}$$

对这个最值问题求解可以得到：

$$P_0^D - P_0^G \equiv \dfrac{\gamma}{\gamma + \gamma^A}(V^D - V^G) - \dfrac{\gamma}{\gamma + \gamma^A}c \geqslant \dfrac{\lambda}{1-\lambda}c \tag{4-8}$$

上述结果表明，如果股利溢价 $P_0^D - P_0^G$ 是正值而且大于发放股利导致的长期成本的现值，那么管理者就应该发放股利，反之则不应该发放股利。

为了更好地解释这些事实，Baker 和 Wurgler 将模型扩展为存在第三类公司的情形。这类公司不支付股利，只有很少的投资机会而且盈余增长速度很低，缺少足够的特性来吸引聚类投资者，只能吸引套利投资者，同理可证它的股价为：

$$P_0^{FD} = F - \frac{Q}{\gamma^A} \qquad (4\text{-}9)$$

扩展后的模型可以解释股利的持续性问题。成长型公司发放股利的决策仍然是由等式（4-8）决定的，而对于现在的股利发放者来说，他们是否继续发放股利的决策则由下式决定：

$$P_0^D - P_0^{FD} \equiv \frac{\gamma}{\gamma + \gamma^A}\left[V^D - \left(F - \frac{Q}{\gamma^A}\right)\right] - \frac{\gamma}{\gamma + \gamma^A}c \geqslant \frac{\lambda}{1-\lambda}c \qquad (4\text{-}10)$$

式（4-10）表明，如果股利溢价 $P_0^D - P_0^G$ 为正数，且大于支付股利的长期成本现值，那么管理者就会支付股利，反之则不会支付股利。

那么迎合理论是否比其他股利政策理论更适合解释股利溢价问题呢？在对迎合理论的其他替代性假说进行讨论时，Baker 和 Wurgler 认为："在某种程度上，股利支付是管理者对投资者需求压力所造成的股票市场误定价的理性反应。所有这些结果常常可能要从个人的经验主义相关的角度给予新的解释，而很难用一个一致的、与迎合理论无关的替代理论去解释。"[1]Baker 和 Wurgler 指出，股利溢价无法通过其他传统股利理论来进行解释的主要原因在于，类似股利追随者效应假说的传统股利理论只考虑股利的需要方面，而忽略了股利的供给方面。Baker 和 Wurgler 坦言："理性的追随者效应必须通过总股利水平的供给反应来得以满足。"[2]迎合理论正是从供给方面来看待股利问题的，认为管理者理性地察觉了有限理性的投资者

[1] Baker, M., Ruback, R. S., and Wurgler, J., Behavioral Corporate Finance: A Survey, working paper, Harvard Business School, 2004, p. 1147.

[2] Baker, M., Ruback, R. S., and Wurgler, J., Behavioral Corporate Finance: A Survey, Working Paper, Harvard Business School, 2004, p. 1156.

不断变化的股利需求,从而制定股利政策主动迎合投资者的这些需求。

但是,诚如 Baker 和 Wurgler 意识到的,"迎合理论模型和实证结果是关于是否支付股利的两项选择,而不是关于支付多少的选择"。Li 和 Lie(2005)也发现了这一局限性,他们认为 Baker 和 Wurgler 的研究存在两个问题:只考虑是否支付股利的问题,而忽视了支付多少的问题,实际上管理者决策中更常遇到的是股利支付水平变化的问题。另外,Baker 和 Wurgler 也没能证明首次股利公告回报率的提高与股利溢价的关系。如果首次支付股票的溢价被市场忽略,那么管理者为何要关心股利溢价呢? 为此 Li 和 Lie 对迎合理论进行了两方面改进:一是把管理者的股利决策从离散模型拓展为连续模型,使迎合理论能够解释连续的股利变化;二是指出 Baker 和 Wurgler(2004a)中首次股利公告收益率与股利溢价的联系不显著的原因,可能是由于他们的样本中首次股利公告样本不足。Li 和 Lie(2005)的贡献在于把股利迎合理论从离散模型发展为连续模型,拓展了迎合理论的适用条件。更重要的是,他们通过证实公告效应与股利溢价的联系,发现了市场对管理者的奖励机制,也解释了为什么股利溢价是管理者考虑的首要内容,弥补了 Baker 和 Wurgler(2004a,2004b)的不足。

三、实证检验

从理论上证明了迎合理论以后,Baker 和 Wurgler 先后以两份实证研究来支持股利迎合理论。迎合理论实证检验的关键在于,如何衡量支付公司与非支付公司之间的股利溢价。在 Baker 和 Wurgler(2004a)的检验里,他们设计了四种衡量股利溢价的方法,其中既包括误定价的事前衡量指标,即支付公司与非支付公司平均市值面值比的自然对数的差异,也包括误定价的事后衡量指标,即公司开始支付股利时的事后股票回报率。此外,还包括公共事业行业中仅支付现金股利的公司和仅支付股票股利公司的价格之差、现金股利公告的超额收益率和累计超额收益率。他们以 1963 年至 2000 年的美国上市公司为样本,对股利溢价与总体股利支付情况相关关系的研究结果表明,当投资者对支付公司有较高需求时(股利溢价较高),非支付公司倾向于开始支付股利;当投资者需求较低时(股利溢价较低),支付公司就倾向于不支付股利了。

Baker 和 Wurgler(2004b)的检验则把迎合理论与 Fama 和 French(2001)"不断消失的股利"现象联系起来,证实了股利支付倾向的波动与迎合动机之间存在很好的同步关系。首先,两位学者采用 Fama 和 French 的方法,对 1963 年至 2000 年间股利支付倾向的两次上升和两次下降区间进行了划分,指出其实股利先是"出现了",接着才又"消失了"。然后,他们展示了在每个区间中股利支付倾向是如何沿着相应的迎合动机变化的方向波动的:当股票市场股利溢价的代理变量为正数时,支付股利的倾向增加了;反之,当股利溢价的代理变量为负数时,支付股利的倾向减少了。二者唯一不相符合的年度是 1972 年至 1974 年,Baker 和 Wurgler 将其归因于尼克松时代成立的利率和股息委员会(The Committee on Interest and Dividends)倡议公司不支付股利以抵制通货膨胀。在控制了尼克松哑变量之后,股利溢价和支付倾向变化之间的关系最终还是能够符合迎合理论的预期。Baker 和 Wurgler(2004b)还对投资者需求背后的驱动因素——投资者情绪进行了研究。他们对《纽约时报》关于股利的历史文章进行了完整的回顾,以便更好地了解投资者对于支付股利公司股票需求的波动情况。这些文章表现出一种直觉的模式:当它们对成长性股票(以不支付股利为标志)的情绪高涨时(例如 20 世纪 60 年代末和 90 年代末)股利溢价倾向于负数,而且股利支付意愿倾向于减少。而随着成长型股票的萧条(例如 20 世纪 60 年代中期和 70 年代早期至中期),这些文章又显得偏好股利支付公司这类较为"安全"的回报方式,于是股利溢价升高,股利又出现了。

在 Baker 和 Wurgler 之后,财务学家们在对迎合理论进行多方检验的同时,也在不断进行改进和发展。Li 和 Lie(2005)将迎合理论对"是否支付"问题的研究拓展到"支付多少",对允许股利支付额在一个连续区间上变化时的迎合理论进行了检验。他们采用了1963年至2000年间1 815个股利减少的样本和18 964个股利增加的样本。检验结果表明,不论是股利增加或减少的概率,还是股利变化的大小,都与股利溢价有显著的相关关系。当股利溢价较低的时候,公司降低股利的可能性升高,股利减少的数量也增加了;反之,当股利溢价较高的时候,公司提高股利的可能性增加,股利增加的数额也提高了。他们还指出,作为股利替代的股票回购行为与股利溢价也有类似的关系。最后,他们证明了股利增加的公告效应与股利溢价存在显著正相关关系,股利减少的公告效应与股利溢价存在显著负相关关系,这为管理者为何重视股利溢价提供了证据。Bulan、Subramanian和Tanlu(2004)把股利迎合理论与企业生命周期理论相结合,研究首次股利支付的时机选择及首次支付为何产生正的公告效应问题。他们相信Baker和Wurgler的迎合理论能够提供一个较为可信的解释:如果投资者以是否支付作为标准为股票分类,在某些时期偏爱支付股利的股票,由于套利行为受到限制,使得投资者非理性的偏好无法立刻消除,股利溢价就会产生,成熟的公司可能发现,最好是在这个时机加入到支付股利的公司行列中去。研究结果表明,在控制了公司的生命周期因素之后,公司首次支付与股利溢价正相关,这一结果支持了迎合理论的观点。

虽然大部分研究支持股利迎合理论,但有一些学者的研究却对其提出了质疑。DeAngelo、DeAngelo和Skinner(2004)在《股利消失了吗?》一文中指出,虽然支付股利的公司数量减少了,但是所有公司实际支付的股利总量反而增加了。因为停止支付的公司几乎全是支付额很小的公司,而原来支付额大的公司反而提高了股利,后者带来的股利增加抵消了前者退出带来的股利减少。也就是说,股利的提供方出现了高度集中化趋势,这反过来又反映了利润的不断增长的高度集中化趋势。企业的股利支付呈现出两层分化结构,一小部分利润很好的公司集中产生了大部分利润,并提供了大部分股利支付,而大量的盈利中下水平的公司只提供一小部分盈利和股利支付。DeAngelo 等人还提出,支付股利公司数量的减少很大程度上是由于兼并浪潮和财务困境,例如在 1978 年支付股利的公司有 57.4% 被兼并而退市,而在 2000 年有将近一半的工业公司宣告亏损。Denis 和 Osobov(2008)采用了跨国研究的方法研究了 1994 年至 2002 年美国、加拿大、英国、法国和日本上市公司的股利支付,得出了与 DeAngelo 等人类似的结论,他们认为在上述各国中,总的股利水平并没有下降,而是集中于规模较大、盈利较好的那些公司。而且,他们还发现除了美国之外,很少有证据表明股利溢价与股利支付意愿有显著的正相关关系。他们的发现不支持迎合理论,但是支持了基于代理成本的生命周期理论。

综上所述,股利迎合理论研究是行为股利政策的一个新的发展,它针对的是理性管理者面对非理性市场的误定价时如何决策的问题,提出了"股利政策是管理者理性地迎合了投资者不断变化的需求"的思想。迎合理论的出现丰富了行为公司财务理论,为股利政策的研究提供了一个新的视角。

第三节 管理者羊群行为

Scharfstein 和 Stein(1990)曾指出,在传统的经济学理论中决策一般反映了人们的理性预期,而且假设所有可得的信息都被用于决策,但现实中却存在相反现象——决策可能是由群体心理驱动的,有时人们会放弃自己的私人信息而模仿别人,这就是羊群行为。提到羊群行为,人们往往会将其与非理性行为相互联系。但实际上羊群行为也可能正是人的理性选择。那么管理者是否也会产生羊群行为? 管理者为何会选择羊群行为? 这对公司财务决策可能产生什么影响? 这正是行为公司财务的一个新兴的研究领域。虽然迄今为止还没有文献直接涉及管理者羊群行为对股利政策的影响,但现存的针对管理者羊群行为的大量研究为我们研究行为股利政策提出了可供参考和借鉴的方法及思路。

关于管理者羊群行为的思想最初来自社会心理学对从众心理的研究,其发展的路径也受到从众行为研究结论的影响,二者紧密联系、相互呼应。因此,对管理者羊群行为的文献研究也自从众心理谈起。

一、从众的心理学研究与管理者羊群行为

人们常常能发现,群体虽然由各种各样的个体组成,但是他们的行为却经常表现出惊人的一致。此类受他人影响、模仿他人的行为,可以用社会心理学中的"从众心理"来解释。戴维·迈尔斯把从众(conformity)定义为"个人受他人的影响,根据他人而作出的行为或者信念的改变"[①];泰勒、佩普劳和希尔斯则把从众定义为"个体改变自己的观念,使之与群体的标准相一致的倾向性"[②]。

早期社会心理学研究对从众行为的存在性进行了多方考察,尤其值得一提的是两个著名的从众实验。一是 Shelif 设计的"游动实验",他让被试者在暗室中观察一个光点,判断它"游动的距离"。他发现当被试者独立判断时,彼此的观点差异很大,然而当三个被试者依次对光点移动距离进行反复估计时,他们的估计值越来越接近,最后几乎汇聚在同一个值上。实验结果表明,群体的看法和观点对个人的判断产生了重大的影响,这种影响甚至能够形成统一的行为规范。Shelif 的实验检验实际上证实了模糊情境之下从众行为的存在性,而由 Solomon Asch 设计的另一个实验证明则证实,即使在清晰

---

① 戴维·迈尔斯著,张志勇、乐国安、侯玉波等译:《社会心理学》,人民邮电出版社 2006 年版,第 153 页。

② 泰勒、佩普劳、希尔斯著,谢晓非等译:《社会心理学》,北京大学出版社 2004 年版,第 221 页。

情境下从众行为也可能存在。Asch 让被试者反复完成一个简单清晰的任务——判断三条线段中哪一条与样本线段一样长，在单独回答时，99％的被试者都能很快得出正确答案，但是如果让被试者听到其他人(伪装成被试者的工作人员)给出一致的错误答案之后再回答时，有 1/3 的答案都是错误的，大部分被试者(75％)至少发生了一次从众现象。泰勒、佩普劳和希尔斯对此感慨道："无论刺激是什么类型，也无论正确的答案有多么清楚，当个体面对群体一致意见时，由大多数人施加的压力有时候会足够强大而导致从众现象发生。"①

那么人们为什么会从众呢？Deutsch 和 Gerard(1995)认为，一个人可能屈服于群体的原因不外乎两个：想获得重要信息以及想被群体接纳和免遭拒绝。Cialdini 和 Trost(1998)也异曲同工地提出人们从众的两个主要原因：一是为了做正确的事，二是为了被喜欢。② Deutsch 和 Gerard 把这两种原因命名为规范影响(normative influence)和信息影响(information influence)。迈尔斯进一步指出，对社会形象的关注往往容易产生规范影响，而希望自己行事正确则往往容易产生信息影响。③ 泰勒、佩普劳和希尔斯对规范影响和信息影响专门进行了区分：当从众行为来源于信息影响时(人们相信他人的信息是正确的)，人们通常通过一系列推理过程，最终改变了自己的观念和行为；而当从众行为来源于规范性影响时，人们表面上改

---

① 泰勒、佩普劳、希尔斯著，谢晓非等译：《社会心理学》，北京大学出版社 2004 年版，第 224 页。

② Cialdini，R. B. and Trost，M. R.，Social Influence：Social Notms，Conformiry，and Compliance. In D. T. Gilbert，S. T. Fiske，and G. Lindzey（Eds.），*Handbook of Social Psychology*，Vol 2，pp. 151～192，Boston，MA：McGraw-Hill. 转引自泰勒、佩普劳和希尔斯著，谢晓非等译：《社会心理学》，北京大学出版社 2004 年版，第 225 页。

③ 戴维·迈尔斯著，张志勇、乐国安、侯玉波等译：《社会心理学》，人民邮电出版社 2006 年版，第 172 页。

变了自己的公开行为,但是没有必要非得改变自己的个人观念。①

从众行为发生的可能性和程度受到许多因素的影响,其中最为重要的因素是任务难易程度和社会文化差异。例如,当任务越困难时,情境越模糊,人们就越容易追随群体。Coleman、Black 和 Mouton 指出,这是由于在模糊的情境下,人们对自己的判断缺乏信心导致的。② 而且,在 Sherif 的"游动实验"情境比 Asch 实验模糊,问题的答案也不如 Asch 实验清晰,因此 Sherif 实验中发现的从众行为也比 Asch 实验中发现的严重得多。另外,社会文化差异,特别是个体主义文化和集体主义文化差异也对从众产生重大影响。例如美国人一向注重独立,在他们眼中,"从众"是一个贬义词,而在日本,与他人保持一致则是忍耐、自我控制、成熟的象征。③ Berry、Poortinga、Segall 和 Dasen(1992)认为,在美国和西欧这样的个体主义文化社会中,对儿童的培养强调自我依赖和独立判断,鼓励儿童的独立性和创造性活动;而诸如非洲、亚洲和拉美的集体主义文化社会中则强调与社会群体保持联系,父母从小培养孩子服从、适当的行为、尊敬集体传统等。Bond 和 Smith(1996)对 133 项从众研究进行了元分析后发现,集体主义文化之下更容易出现从众,而且文化对于从众的影

---

① 泰勒、佩普劳和希尔斯著,谢晓非等译:《社会心理学》,北京大学出版社 2004 年版,第 226 页。不过泰勒等人也承认,"当人们改变自己的行为以满足群体标准时,也可能存在一种改变自身观点的倾向,例如认知失调理论认为人们会有一个'后从众判断'过程,指人在行动之后重新思考自己的观点,尽力理解群体成员的观点,构建对情境的新解释,使之与自己的从众行为相吻合"。

② Coleman,J. F. , Blake, R. R. , and Mouton, J. S. , Task Difficulty and Conformity Pressures,*Journal of Abnormal and Social Psychology*,57,pp. 120~122. 转引自见泰勒、佩普劳和希尔斯著,谢晓非等译:《社会心理学》,北京大学出版社 2004 年版,第 225 页。

③ 泰勒、佩普劳和希尔斯以及戴维·迈尔斯的书中都曾提到了这一点。

响效果要远远大于诸如群体规模、刺激清晰程度等其他因素。①

经济学和金融学借鉴了社会心理学中对从众心理的研究成果，用以研究金融市场中和经济管理决策中的群体性行为收敛现象，称之为"羊群行为"（herding behavior）。行为公司财务的大量研究表明，即使是作为社会精英阶层的公司管理者也不可避免地存在追随他人的羊群行为——正如 Hirshleifer 和 Teoh（2003）所言，"在流行的压力下，管理者在管理方法、投资选择和财务报告方式中都很容易愚蠢地随大流"②。譬如，Lakonishok、Shleifer 和 Vishny（1992），Grinblatt、Titman 和 Wermers（1995），Wermers（1999）等研究证实，共同基金的管理者存在羊群行为；Stickel（1990）、Welch（2000）等研究认为证券分析师推荐意见存在羊群行为；Bemhardt、Campello 和 Kutsoati（2006）则认为证券分析师推荐意见存在"反羊群行为"；而 Patel、Zeckhauser 和 Hendricks（1991）发现公司管理者在负债选择的决策中出现类似于候鸟迁徙的群体行为；Kinoshita 和 Mody（2001）研究日本公司的证据表明，导致公司对亚洲发展中国家直接投资的决定因素是其他公司是否也投资了那个国家。

那么为什么管理决策比一般决策更容易产生羊群行为呢？社会心理学对从众产生原因的研究也有助于回答这个问题。一方面，管

---

① 参见 Berry, J. W., Poortinga, Y. H., Segall, M. H., and Dasen, P. R., *Cross-cultural Psychology: Research and Applications*. New York: Cambridge University Press, 1992, 以及 Bond, R. and Smith, P. B., Culture and Comformity: A Meta-Analysis of Studies Using Asch's（1952b, 1956）Line Judgment Task, *Psychological Bulletin*, 119, 1996, pp. 111~137. 转引自泰勒、佩普劳和希尔斯著，谢晓非等译：《社会心理学》，北京大学出版社 2004 年版，第 226 页。

② Hirshleifer, D. and Teoh, S. H., Herd Behavior and Cascading in Capital Markets: a Review and syntheses, *European Financial Management*, 9, 2003, p. 53.

理者与普通人一样希望自己行事正确,这容易产生信息影响。① 而且社会心理学研究指出,当现实越模糊、任务的难度越大,他人就越可能成为有价值的信息来源。管理者的决策过程恰恰是一个庞大而复杂的系统工程,其模糊性和难度水平比起一般决策相对较高,信息获取的难度和获取成本使管理者在决策中更有可能相信和借鉴别人的行为中所含的"信息",从而更可能产生羊群行为。另一方面,管理者作为社会精英,通常对自己的社会形象和公司的声誉非常关注,这就容易产生规范性影响。Keynes 有警句说:"败于习俗好过胜于脱俗。"中国也有"枪打出头鸟"、"木秀于林,风必摧之"的古谚。迈尔斯指出,与群体保持一致可能会带来正的回报,并且使人们特别容易获得自己决策正确的证据,而偏离群体将产生高昂的代价,这些原因可能迫使人们压制自己的反对性意见。具体而言,Sharfstein 和 Stein (1990)指出"聪明的管理者得到的信号都是相关的(因为他们可能都观察到一部分'真相'),而愚钝的管理者得到的信号却未必(他们可能只观察到噪音),因此管理者最好是模仿他人的行为,这样更容易被市场认为是聪明的人"②,"倘若大家都犯了同样的错误,则可以共担责难,这对名誉也没有什么坏的影响"③。Zwiebel(1995)则指出:"声誉上的考虑会导致管理者避免偏离羊群,管理者愿意选择次优但符合标准的行为,让市场可以找到一个评价他们的基准。"④

---

① 迈尔斯指出,对社会形象的关注往往容易产生规范影响,而希望自己行事正确则往往容易产生信息影响。见戴维·迈尔斯著,张志勇、乐国安、侯玉波等译:《社会心理学》,人民邮电出版社 2006 年版,第 172 页。

② Scharfstein,Stein,Herd Behavior and Investment,*American Economic Review*,80,1990,p. 466.

③ Scharfstein,Stein,Herd Behavior and Investment,*American Economic Review*,80,1990,p. 466.

④ Zwiebel,Corporate Conservatism and Relative Compensation,*Journal of Political Economy*,103,1995,pp. 2~3.

二、管理者羊群行为的产生机制

借鉴社会心理学关于人屈服于群体(从众)的两个原因——希望自己行事正确(信息影响)和对社会形象高度关注(规范影响),财务学文献中对管理者羊群行为产生机制的研究主要也沿着两条脉络展开[①]:一是研究基于信息问题而产生的羊群行为,由此派生的一系列理论模型统称为信息层叠(informational cascades)模型;二是研究基于声誉问题而产生的羊群行为,由此派生的一系列模型则被称为声誉羊群(reputational herding)模型。

1. 信息层叠模型

所谓信息层叠,是指在一个一般的序贯决策选择中,当个人能够观察到前人的行为,并且放弃自己的私人信息去跟随前人的行为,且这种做法对于个人而言是最优选择时,就将产生信息层叠(Bikhchandani、Hirshleifer 和 Welch,以下简称 BHW,1992)。由于每个人的决策都参考前人的决策,而别人可能掌握一些重要的信息,所以每个人的行为都可能是理性的。每个人都最大化个人利益的决策规划结果就是羊群行为,这个均衡的结果是无效率的(Banerjee,1992)。

最早提出信息层叠模型的是几乎在同一时间(1992 年)发表的三篇论文,分别是 Banerjee 的《一个简单的羊群行为模型》、Welch 的《序贯销售、学习与信息层叠》以及 BHW 的《随信息层叠而出现的流行、时尚、风俗与文化变化之理论》,由此提出了羊群行为的三个著名的信息层叠模型。其中,Banerjee 模型和 Welch 模型是同时独立出

---

① 关于金融市场上的羊群行为还有第三种推断——基于薪酬结构而产生的羊群行为。其研究主要针对分析师展开。但是由于在上市公司中,不同公司管理者之间的薪酬关系与证券分析师之间的关系有很大的区别,笔者认为管理者羊群行为不应该包括这部分研究。

现的,而 Bikhchandani、Hirshleifer 和 Welch 模型则是 Welch 模型的"一般化"①,指出信息层叠不仅能够解释正式行为,也能够解释为什么一个微小的改变就能引起潮流的重大变化。② 随后诸如 Lee (1993)、Chamley 和 Gale(1994)等人的模型实际上都是对上述三个模型的改进和发展。

(1)Banerjee 模型

Banerjee 模型是羊群行为理论模型中最负盛名的理论模型,这不仅是因为它是最早提出信息层叠模型,更因为该模型"极其简单,而且不含任何制度细节"③,它以一个常见的实际问题——选择吃饭的餐馆为例,来探究羊群行为的产生机制。Banerjee 餐馆模型的基本思想如下:假设有相邻的两家餐馆 A 和 B,其中 A 餐馆优于 B 餐馆的先验概率为 51%,B 餐馆优于 A 餐馆的先验概率为 49%。有 100 位顾客依次选择餐馆,每位顾客都有一个关于餐馆好坏的私下信号,而且后到的顾客可以观察到先到顾客的选择。假设 99 位顾客的私下信息都表明 B 餐馆好,只有 1 位顾客甲先生得到的信息表明 A 餐馆好,但是他恰好是最先到的顾客,于是他首先选择,走进了 A 餐馆。现在考虑第二位顾客乙先生,他看到甲先生选择了 A 餐馆,但自己的私有信息是 B 餐馆好,假设两个信息强度相同,那么基于先验概率,乙先生应该放弃 B 餐馆,选择 A 餐馆。从第三位顾客开始,以后陆续到来的每一位顾客看到前人的选择,都会选择放弃自己

① Bikhchandani,S.,Hirshleifer,D.,and Welch,I.,Informational Cascades and Rational Herding:An Annotated Bibliography,UCLA/Andersn and Michigan,working Paper,http://next.agsm.ucla.edu,1996,p.4。

② Bikhchandani,S.,Hirshleifer,D.,and Welch,I.,A Theory of Fads, Fashion,Custom,and Cultural Change as Informational Cascades,*Journal of Political Economy*,100,1992,p.995。

③ Banerjee 不无自豪地自称道,该模型的贡献之一就是"模型极其简单,而且不含任何制度细节",见 Banerjee,A.V.,a Simple Model of Herd Behavior, *the Quarterly Journal of Economic*,107,1992,p.799。

的私有信息,都选择 A 餐馆。最后的结果是 A 餐馆顾客蜂拥而至,而 B 餐馆则无人问津。为什么人们明明私下认为 B 餐馆好,却选择 A 餐馆吃饭呢? Banerjee 指出,问题关键在于乙先生的选择。如果乙先生坚持相信自己掌握的信息选择 B 餐馆,则结果将迥然不同——剩余的 98 位顾客也会选择 B 餐馆而非 A 餐馆。Banerjee 强调:"放弃私人信息的决策给他人带来了负的外部性——如果第二个决策者坚持私人信息,他的行为将给他人提供有用的信息,这也将促进他人利用自己的私人信息。否则的话,大家都会加入到羊群行为中去。"Banerjee 把这种负的外部性称为"羊群行为的外部性"(herd externality),它说明即使每个人都是理性的(满足贝叶斯条件),均衡也为贝叶斯—纳什均衡,但均衡状态也很可能是无效率的。羊群行为的外部性是正反馈型的(如果我们加入了羊群,则我们的行为导致更多的人产生同样的行为,反之亦然),这直接导致了均衡状态具有易变性——均衡状态完全由最初几个人的决策决定。

　　Banerjee 的餐馆模型作为首先独立提出的羊群行为模型,不单单体现了信息经济学的"序贯"的精髓,而且体现了管理学的"决策"思维,因此也可以说是第一个完全从管理者角度出发分析管理者羊群行为的信息层叠模型。它的突出特点除了由一个极其简单生动的例子推导出一个深刻的模型,还体现在以下几个方面:模型在二项选择空间中是连续型的(同时出现的 BHW 模型只是一个离散的模型),羊群行为的形成机制能够在均衡理论的高度上得到证明,而且其前提条件也更具有一般性。

　　(2)Welch 模型和 BHW 模型

　　Welch 模型的本意虽然是致力于寻找 IPO 序贯销售折价和成败的原因,但是财务学家们(Graham,1999;Devenow 和 Welch,1996;Hirshleifer 和 Teoh,2003)认为它可以给羊群行为提供一种合理的解释,通常都把它划归为羊群行为理论的经典模型之一。BHW 模型虽然致力于研究为何微小的影响会带来潮流、文化和习俗的巨大变化,但是它从信息层叠角度解释羊群行为的思想与 Welch

(1992)是一脉相承的,在模型构建上也可以看作 Welch 模型的标准化和一般化,因此可将二者归为同一模型。

Welch 模型首先注意到,在新证券发行市场上,潜在投资者中可能有一小部分投资者知道证券的价值,而大部分人则不了解。如果投资银行的分销渠道有限,新证券的承销商则要花一定的时间依次向潜在投资者推销,因此,后来的投资者就可以根据之前投资者的行为进行推测——如果之前的 IPO 销售情况良好,可能意味着之前的投资者掌握了 IPO 定价低的利好信息,这会使其产生投资的动机;反之,如果发现之前的销售进展缓慢,后来的投资者可能会打消投资欲望。Welch 指出:"最后发行的成功与否取决于投资者的顺序。"[1]这是因为只要能够观察到前人的行为,后来的投资者就会迅速将此作为自己的决策依据,而忽略自己掌握的私下信息。如果每个投资者都认为忽略私人信息符合自己的利益最大化,由此产生的结果是如果少数几个最先决策者相信证券发行被高估了,他们的信息就将压倒随后其他所有投资者掌握的信息,则发行注定遭遇失败。反之,如果最初几个决策者认为 IPO 定价是低估的,则发行会迅速获得成功。由此 Welch 感慨:"事实上,信息层叠模型的需求曲线肯定了一点:当第一个投资者到来的时候,发行成功与否就已成定局了","发行人的定价是用来说服第一个投资者,而不是后来的投资者"。[2]

Welch 模型的形式也比较简单:设投资者可以得到 IPO 价格被低估(H)或高估(L)的独立信号 $s\in\{H,L\}$,对于每一个观察到 H 信号的投资者,同时会有三个投资者观察到 L 信号,θ 为某个投资者观察到 H 的概率,θ 的先验概率 $\hat{\theta}$ 服从 $[0,1]$ 一致分布,给定 k 为 H 类型的信号有 n 个,则 θ 的后验预期值为:

[1] Welch, I., Sequential Sales, Learning, and Cascades, *Journal of Finance*, 47, 1992, p. 696.

[2] Welch, I., Sequential Sales, Learning, and Cascades, *Journal of Finance*, 47, 1992, p. 697.

$$E(\theta \mid k,n) = \frac{k+1}{k+2} \qquad\qquad (4\text{-}11)$$

按照式(4-11),假设有4位投资者甲、乙、丙、丁,分别得到了 H、L、L、L 的私下信号。如果公司 IPO 定价 P,甲从得到的 H 信号可推断,该公司价值为 $\frac{2}{3}$,则只要 $P<\frac{2}{3}$,甲就会决定投资;乙尽管得到 L 信号,但他可能基于羊群行为也决定投资。现假设轮到丙决策,虽然他也得到 L 信号,但显然他无法从公开信息中得到乙的私下信息,与乙的决策一样,他会选择投资。丁的决策过程也跟丙完全一样,也会选择投资。上述过程会形成一个正的信息层叠,给定任何 $P<\frac{2}{3}$ 的发行价格,公司高价发行而且成功的概率严格为正。反之,如果序贯决策的4位投资者得到的独立信号分别是 L、H、H、H,甲根据 L 信号得到该公司的价值为 $\frac{1}{3}$,则只要公司 IPO 定价 $P>\frac{1}{3}$,甲就会放弃投资,而随后的乙、丙、丁等人基于羊群行为也会随之放弃投资,这个过程形成一个负的信息层叠,公司即使低价发行,失败的概率也严格为正。这就是韦尔奇定理的主要内容。

Welch(1992)发表之后不久,BHW(1992)很快提出了更具一般性的信息层叠模型。BHW 模型实际上涵盖了 Welch 模型,是对后者的深入和拓展。按照 BHW 自己的话说,该模型与 Welch(1992)的区别在于"强调了信息层叠的脆弱性;信息层叠不仅可以解释正式行为,也可以解释诸如潮流之类的巨大变化"。[1]

BHW 模型包括特定模型与一般模型两部分。特定模型其实是对 Welch 模型的重新阐述。设投资者得到的独立信号 $s\in\{H,L\}$,当公司价值为1时,人们观察到 H 和 L 的概率分别是 p 和 $1-p$;当

[1] Bikhchandani, S., Hirshleifer, D., and Welch, I., A Theory of Fads, Fashion, Custom, and Cultural Change as Informational Cascades, *Journal of Political Economy*, 100, 1992, p. 995.

公司价值为 0 时，人们观察到 H 和 L 的概率分别是 $1-p$ 和 p。对于第一个决策者，观察到 H 会使他采取行动，观察到 L 则会使他放弃行动。对于第二个决策者，得到的信号与第一人相同，当然行动也相同，但若信号与第一人的行动相反，则采取行动的概率为 $\frac{1}{2}$。对于第三人，若前两位都采取行动，他无论如何都会采取行动；若前两位都不采取行动，他无论如何也不会采取行动；若前两位的选择恰好相反，那么第三人处境与第一人相同。同理，第四人与第二人处境相同，第五人与第三人处境相同，依此类推，第 n 位（n 为偶数）决策者出现正的信息层叠、不出现信息层叠和出现负的信息层叠的无条件事前概率分别为：

$$\frac{1-(p-p^2)^{\frac{n}{2}}}{2}, (p-p^2)^{\frac{n}{2}} \text{和} \frac{1-(p-p^2)^{\frac{n}{2}}}{2} \tag{4-12}$$

为了将模型一般化，BHW 提出两个假设：其一，每个人的条件预期因其所获得信号的实现能得到增加；其二，通过观察前人，每个人都知道公司的价值（V），他们在采取行动与放弃行动之间无区别。设所有人采取某类行为的成本均为 C，$A_X=(a_1,a_2,\cdots,a_X)$ 表示 1，2，$\cdots X$ 个人过去所采取的行为集，$S_X(A_{X-1},a_X)$ 为导致第 X 个人采取 a_X 行为的已实现信号集，掌握信号 s_G 的第 $n+1$ 个人对于 V 的条件预期为：

$$V_{n+1}(s_G;A_n)\equiv E[V\,|\,S_{n+1}=s_G\ S_i\in S_X(A_{X-1},a_X),\text{对于所有的 } X\leqslant n] \tag{4-13}$$

如果 $V_{n+1}(s_G;A_n)\geqslant C$，第 $n+1$ 个人会选择采取行动；如果 $V_{n+1}(s_G;A_n)<C$，则会放弃行动。这就是 BHW 提出的一般模型，它表明如果一个人处于信息层叠（他的决策完全基于前人的行为），那么他的行为对于后来者将没有任何信息含量。由于每个人都试图从前人的行为中得到线索，后一个人总是与前一个人一样处于信息层叠中，依此类推，所有后来者获得的信息总会顺藤摸瓜追溯到最初

的几个人观察到的少量信息,均衡的结果总是由最初几个人观察到的少量信息决定,因此信息层叠具有脆弱性。正如 BHW 所言,"一旦信息层叠开始,即使方向错误,也将永远持续下去"①。由此不难理解 BHW 开篇所引用的《马太福音》中的警句——"如果由瞎子来引导瞎子,他们全部都会掉下悬崖。"②

(3)对信息层叠模型的后续批评和改进

Banerjee 模型和 BHW 模型都属于信息层叠的早期经典模型,它们难免存在一些缺陷和不足,后续的一系列研究致力于对其进行批评和改进。

Lee(1993)指出,Banerjee 模型和 BHW 模型都不是一个充分显示信息(a fully revealing)的信息层叠,不充分显示信息的可能性大于零。其中,Banerjee 模型的结果严格依赖于模型的退化,所以模型的结果不稳健。于是,Lee 从 BHW 模型的基础上着手,提出了两方面改进:首先,Lee 改进了信息层叠的定义。BHW 对信息层叠的定义是"当个人能够观察到前人的行为,并且放弃自己的私人信息去跟随前人的行为,当这种做法对于个人而言是最优选择时,就将产生信息层叠",Lee 将定义修改为"信息层叠指行为序贯的收敛性"③。Lee 通过证明发现,按照 BHW 定义的信息层叠存在不充分显示信息的可能性,其产生必须满足行为人的一致行为。Lee 重新定义的充分显示信息层叠比 BHW 要宽泛得多,信息层叠的产生不需要那么严格的假设,行为人不需要一致行为,只要行为选择具有收敛性即

---

①　Bikhchandani,S.,Hirshleifer,D.,and Welch,I.,A Theory of Fads,Fashion,Custom,and Cultural Change as Informational Cascades,*Journal of Political Economy*,100,1992,p.1001.

②　Bikhchandani,S.,Hirshleifer,D.,and Welch,I.,A Theory of Fads,Fashion,Custom,and Cultural Change as Informational Cascades,*Journal of Political Economy*,100,1992,p.992.

③　Lee,I.H.,on the Convergence of Informational Cascades,*Journal of Economics Theory*,61,1993,p.397.

可能产生信息层叠。其次，Lee 提出了产生一个充分显示信息层叠的充要条件，要求行为集合能显示序贯决策中后续每个人的行为，这是其他信息层叠模型从未提到的。Lee 指出，"一个不连续的行为集合总是无法避免正的不充分显示信息的可能性存在，而一个相联系的区间约束最优行为集合则可以排除这个可能"。[①]

与 Lee 模型不同，Chamley 和 Gale(1994)指出 Banerjee 模型和 BHW 模型中把"何时决策"问题当作外生因素，但其实信息层叠还存在一个择时的问题。譬如，在大萧条中，人们常常等待某种信号表明萧条结束，然后才敢投资。实际上每个人都在等待看看别人如何决策，但是等待是有成本的，总有人要首先行动，于是是否等待成为一种策略行为。如果人们预期信息很快就会被披露，他们会严格选择等待，没有人愿意首先行动，于是市场上不会有任何信息披露。最终均衡状态会是两种市场失败的其中之一：或者存在延迟(delay)，某些失去耐心的代理人逐渐开始行动，这使得信息开始得以披露；或者出现市场崩溃(collapse)，信息完全无法披露。延迟和市场崩溃不是截然分开的，后者可以看作无限期的延迟。在市场崩溃时，人们没有得到任何信息，可能误以为总体的情形很糟糕，于是放弃自己的私下信息加入羊群行为，Banerjee 模型和 BHW 模型就属于这个情况。Chamley 和 Gale 模型对信息层叠最主要的改进在于，在均衡中加入了一个"延迟"变量，强调研究延迟的稳定性，认为延迟对反应速度(也被称为"期间"，指公告信息的日期到信息体现到决策中的日期的时间长短)十分敏感：反应速度越快，延迟的次数就越少，博弈很快就结束，信息层叠将迅速导致市场崩溃，随着反应速度的放缓，羊群行为的可能性逐渐减少直至消失；当时间无限延长时，一段时间的投资低潮之后，随之而来的或者是投资高潮，或者是市场崩溃。

从 Banerjee、Welch、BHW 到 Lee、Chamley 和 Gale，上述几个信

---

① Lee,I. H. ,on the Convergence of Informational Cascades, *Journal of Economics Theory*,61,1993,p. 397.

息层叠模型都表达了相同的思想,即在一个序贯决策中,后来的每一个决策者通过观察前人的行为获得有用的信息,但这些看似对每个人都是最优的做法最终可能导致无效率的羊群行为发生。不过,信息层叠的模型虽然有助于帮助人们从信息学角度来理解羊群行为,但是它们也并非完美无缺。行为金融学家在承认其地位的同时,也提出一些尖锐的批评。譬如,Shiller(1995)就质疑 Banerjee 模型和BHW 模型,指出"上述作者是否完全区分了不同群体间行为差异的一般根源,这一点很值得怀疑"[1],而且"Banerjee 和 BHW 提出的信息层叠的例子几乎都不能满足序贯模型的假设,例如 Banerjee 提出的餐馆选择、学校选择、投资决策、政治上的候选人投票、新技术的使用、生多少个小孩、研究课题选择,BHW 提出的高校吸毒、酗酒和吸烟问题、战争狂热、宗教、编辑审稿、IPO 投资决策等问题……(上述问题)均无法找到首先采取行动、为后来者设定行动方向的第一人……实际上,存在太多的'首先行动者',他们在决策前并不观察别人,或者不相信别人的决策反映了与自己相关的信息"。[2]

2.声誉羊群模型

声誉的考虑是除了信息层叠以外的另一个导致羊群行为的原因。对羊群行为与声誉模型的理论论述最早可以追溯到 Keynes 1936 年在《通论》中的论述,他指出投资者或许并不根据自己的信息和信念进行决策,而是屈服于大众。他诙谐地比喻说,正如选美比赛的评委致力于选出大多数人认可的佳丽,而不是自己认为最美丽的面孔,职业经理人会出于"声誉的考虑"而采取随大流的投资策略。Keynes 精练地将其总结为一句话:"对于声誉而言,败于习俗总好过

[1] Shiller, R. J., Coversation, Information, and Herd Behavior, *American Economic Review*, 85, 1995, p. 182.

[2] Shiller, R. J., Coversation, Information, and Herd Behavior, *American Economic Review*, 85, 1995, p. 183.

胜于脱俗。"①

在 Keynes 的《通论》问世 50 多年后,Sharfstein 和 Stein(1990)发表了第一个声誉模型,正式提出管理者对于自己声誉的关心是导致羊群行为的原因。他们可以算是声誉模型的奠基者,因为后续的 Zwiebel(1995)模型、Prendergast 和 Stole(1996)都是在 Sharfstein 和 Stein 的研究基础上开枝散叶发展而成的两个分支,而后来的 Graham(1999)则更像是重新回到 Sharfstein 和 Stein 模型,为其专门设计了可实证版本。羊群行为的声誉模型的主要内容就由上述四个模型构成。

(1)Sharfstein 和 Stein 模型

1990 年,哈佛大学的两位学者 Sharfstein 和 Stein 在《美国经济评论》上发表了一篇名为《羊群行为与投资》的论文,由此奠定了羊群行为声誉模型的基础。在论文中,Sharfstein 和 Stein 开篇明义地指出:"我们的模型是一个'学习'模型,与 Holmstrom(1982a)在思想上十分相似,都考虑管理者通过模仿他人的投资决策来影响人才市场对其能力的评判……关键的不同在于,我们的模型研究多个管理者的行为。"②

Sharfstein 和 Stein 假设管理者分为"聪明"和"愚蠢"两个类型,聪明者可以得到关于投资价值的信号,愚蠢者只能得到噪音信号。最初管理者并不知道自己属于什么类型,但在他决策之后,人才市场可以根据下面两个标准来评判管理者的类型:其一,投资是否盈利;其二,其行为与其他管理者是否相同。由于投资价值中可能存在系统性的不可预测部分,所有聪明的管理者都可能收到错误信息,因此

---

① John M. Keynes,the General Theory,1936,p. 158,转引自 Scharfstein, D. S. and Stein,J. C. , Herd Behavior and Investment,*American Economic Review*,80,1990,p. 465.

② Scharfstein,D. S. and Stein,J. C. , Herd Behavior and Investment,*American Economic Review*,80,1990,p. 466.

第一个评判标准一般不会独立起作用,此时第二个评判标准就显得尤为重要。换句话说,对于声誉而言,如果大家都犯了同样的错误,或许结果也并不太糟糕,因为聪明人有时也会遇到坏运气,Sharfstein 和 Stein 将此称为"责难共担效应"(sharing-the-blame effect)。产生"责难共担效应"的原因在于,聪明人得到的信号很可能彼此相关(因为他们都观察到一部分"事实"),而愚蠢的人得到的信号却不相关(因为他们只观察到噪音)。因此,无论收到的是何种信号,管理者的最优选择总是模仿大多数人的行为,这样更容易被人才市场判定为"聪明人"。于是,羊群行为就产生了。

Sharfstein 和 Stein 模型首先假设市场上有两公司,分别由 X 和 Y 两个管理者来经营。在 $t=1$ 时,X 管理者根据自己所获得的信号先进行投资决策。信号可能是好(s_G),也可能是坏(s_B),投资结果在 $t=3$ 时可能是获利($r_H>0$),也可能是亏损($r_L<0$),假设获利的概率为 α,亏损的概率为 $(1-\alpha)$。X 管理者可能是聪明的(设其先验概率为 θ),也可能是愚蠢的[设其先验概率为 $(1-\theta)$]。如果 X 管理者是聪明的人,他常常能够获得具有信息价值的信号,在获利前获得好信号的可能性要大于在亏损前获得好信号的可能性,即:

$$\text{Pro } b(S_G \mid r_H, 聪明的人) \equiv p; \text{Pro } b(S_G \mid r_L, 聪明的人) \equiv q < p$$

$$(4-14)$$

反之,如果 X 管理者是愚蠢的,他所获得的信号往往没有信息价值,在获利前或亏损前能得到好信号的可能性都是相同的,即:

$$\text{Pro } b(S_G \mid r_H, 愚钝的人) = \text{Pro } b(S_G \mid r_L, 愚钝的人) \equiv z \quad (4-15)$$

假设聪明的人和愚蠢的人接受到好信号的概率相同,即:

$$\text{Pro } b(S_G \mid 聪明的人) = \text{Pro } b(S_G \mid 愚钝的人)$$

整理得:$z \equiv \alpha p + (1-\alpha)q$ $\quad (4-16)$

当 $t=2$ 时,轮到 Y 管理者决策。Sharfstein 和 Stein 指出是否考虑声誉对 Y 管理者的投资决策有重要影响。

如果不考虑声誉，Y 管理者知道 X 只有在获得好信号(s_G)时才会考虑投资，可以从 X 的投资决策推断其所获信号。如果 X 管理者与自己获得的信号不同，比如经推断 X 的信号是 S_G，而自己的信号是 S_B，则 Y 必须基于 (s_G,s_B) 的信息集来进行投资决策。假设信息对称，投资结果好坏的概率均为 $\alpha=\dfrac{1}{2}$，是否投资完全取决于 (r_H+r_L) 的符号——如果 $(r_H+r_L)>0$，Y 管理者决定投资；反之，如果 $(r_H+r_L)<0$，Y 管理者放弃投资。总之，无论 X 和 Y 谁先获得好信号，只要另一个人获得坏信号，Y 管理者的判断依据始终是 $(r_H+r_L)>0$，信号到来的顺序与投资决策无关。

如果考虑声誉，Y 管理者的投资就完全不同了。Sharfstein 和 Stein 指出："他太过关心前一家公司管理者的所作所为，而太少注意他自己所掌握的信号了。"[1]只要 X 管理者选择投资[获得好信号(s_G)]，则无论 Y 获得的信号好坏，也无论 (r_H+r_L) 的符号为正还是为负，Y 都会选择投资。此时若 Y 管理者获得的是坏信号(s_B)，则 $(r_H+r_L)<0$，投资是没有效率的。反之，如果 X 管理者不投资，Y 管理者也不会投资，在此情况下，倘若 Y 管理者所获得的是好信号(s_G)，此时 $(r_H+r_L)>0$，投资也是无效率的。此时，X 管理者首先获得哪一个信号对于 Y 管理者的投资决策显得至关重要，信息到达的顺序决定了 Y 管理者的投资决策。

Sharfstein 和 Stein 进一步证明了考虑声誉时存在的三个有关均衡的定理。其一，Y 管理者投资决策依赖于观察到的信号的连续均衡是不存在的，唯一可能的均衡是 Y 不考虑私人信号而模仿 X，或者 Y 不考虑私人信号而采取与 X 相反的决策。其二，Y 管理者总是模仿 X 的连续均衡是存在的，当且仅当 X 选择投资时，Y 才投资。其三，当且仅当 X 管理者收到好信号时，才选择投资，此时 Y 总是放

---

① Scharfstein, D. S. and Stein, J. C., Herd Behavior and Investment, *American Economic Review*, 80, 1990, p. 468.

弃私人信号而模仿 X。

（2）Zwiebel 模型以及 Prendergast 和 Stole 模型

实际上，Zwiebel 模型以及 Prendergast 和 Stole 模型提出的本意并非为了解释羊群行为。正如 Zwiebel 的《公司保守主义及其相关报酬》其标题和作者文中特别提到的，撰写此文的目的在于解释公司保守主义（corporate conservatism），说明管理者为何对创新持保守态度，而羊群行为正好为其提供了一个适当的理论工具而已。而 Prendergast 和 Stole 更是以"鲁莽的小伙和疲倦的老头"为标题，在他们看来，管理者对创新不仅可能采取保守主义态度，同时也可能采取夸大主义态度。因此，Zwiebel 模型以及 Prendergast 和 Stole 模型可以说是分别反映保守和夸大两方面偏离的两个对应模型。不过，Zwiebel 在文中多次将自己的模型与 Sharfstein 和 Stein 并列比较，并指出："本文与 Sharfstein 和 Stein 的论文一样，也研究管理者对声誉的考虑是如何导致类似羊群的无效率行为的。"[1]Prendergast 和 Stole 也在文后专门比较了自己与 Sharfstein 和 Stein 模型、Zwiebel 模型的区别和联系。因此，Zwiebel 模型以及 Prendergast 和 Stole 模型通常被当成是 Sharfstein 和 Stein 模型的两个不同的分支。而且，由于这两个模型都把声誉与管理者羊群行为巧妙地联系在一起，他们的思想观点也成为用声誉模型解释羊群行为的两个重要成果。

Zwiebel 如何将公司保守主义与羊群行为及声誉相联系呢？Zwiebel 认为，所谓的公司保守主义，是指"一种官僚主义的公司思想形式，它有时看起来扼杀了公司对新思想和创新性的采纳"[2]。过去，公司保守主义常被归因于诸如公司官僚主义、管理创意匮乏、最

---

[1] Zweibel,J. ,Corporate Conservatism and Relative Compensation,*Journal of Political Economy*,103,1995,p.3.

[2] Zweibel,J. ,Corporate Conservatism and Relative Compensation,*Journal of Political Economy*,103,1995,p.1.

小障碍途径以及创新的扼杀等原因,但是上述说法太过模糊,缺乏说服力。Zwiebel 很有技巧地将为什么存在公司保守主义的问题描述成"为何绝大多数管理者在创新活动中表现得如此克制",这样就将公司保守主义问题巧妙地引向了羊群行为。随后 Zwiebel 又指出,那些按照行业标准循规蹈矩行事的公司管理者往往能得到较为准确的评价,而勇于创新的公司管理者却不容易得到正确的评价,所以,在一定的技术和劳动力市场环境里,"声誉上的考虑会导致管理者避免偏离羊群。他们会选择采取某些较差但标准的行动,从而让市场可以找到一个评价他们的基准",而这一见解"正好提供了一个关于公司保守主义的解释"。[①]

那么究竟声誉是如何导致多数管理者选择较差但是标准的行动呢? Zwiebel 作了如下推导:假设共有两个期间,在第二个期间,人才市场将以管理者在第一个期间的投资结果为依据来调整对他们的评价;而管理者知道自己的能力类型,但必须考虑自己的投资行为是否影响声誉。每个期间里,所有管理者都会采取 A_0 投资行为,称为"行业基准"。他们可以获得的利润为 $\tilde{r}_i(1;b_i)=\bar{\mu}+\bar{\varepsilon}_i+b_i$,其中,随机变量 $\bar{\mu}$ 是该期间内全部管理者共同采取的 A_0 投资行为中的系统性因子。而一部分管理者可能会选择采纳新的管理思想或新技术,该投资行为记作 A_1,且 $A_1>A_0$,他们可以获得的利润为 $\tilde{r}_i(1;b_i)=\bar{v}+\bar{\varepsilon}_i+b_i$,其中,随机变量 $\bar{v}$ 是 A_0 投资行为中的系统性因子。市场可以观察到每家公司管理者所实现的 r_i,还可以从整个市场的平均水平中准确地推断出 μ。通过一系列推导可得以下结论:在一个标准的常态学习模型里,市场可以推断出管理者的类型满足正态分布:

$$(\bar{b}\,|\,r_i,\mu)\in N\left(\frac{\tau^2}{\delta^2+\tau^2}(r_i-\mu),\frac{\delta^2\tau^2}{\delta^2+\tau^2}\right) \tag{4-17}$$

① Zweibel,J. ,Corporate Conservatism and Relative Compensation,*Journal of Political Economy*,103,1995,pp. 2~3.

式(4-17)表明,管理者类型的条件预期等于加权的 $r_i - \mu$。在第二个期间里,管理者的市场价值等于他所属类型的条件预期,$E(b|r,\mu)$。假设公司撤换管理者必须付出成本 c,第一个期间里,公司必须支付 $F(F>0)$ 基本薪酬给管理者。所以,如果一个管理者的预期类型为 $+c$,他的市场薪酬应为 $F+E(b|r,\mu)$;如果管理者的预期类型介于 $(-c,0)$,市场不愿再雇佣该管理者(市场定价为 0),但对于原公司而言,由于可以避免成本 c,将愿意以 F 薪酬来续聘该管理者;但如果管理者的预期类型为 $-c$,他就将被市场和原公司解聘。

Zwiebel 解释道,模型中报酬的构成使得市场通过管理者相对业绩水平来干预管理者投资行为,而以投资结果评判的声誉反过来影响管理者未来的市场价值。被解雇的危险使得那些能力一般的管理者害怕被误判为低水平的一类,因而把行业基准看得非常重要;能力较高的管理者则没有那么重视行业基准,因为他们不太容易被误判;而能力较低的管理者则宁愿被误认以避免被解雇的噩运。由此不难理解为何大多数管理者对创新持保守态度,而通常都是能力极高和极低的管理者更可能首先纳采创新。

Zwiebel 对 Sharfstein 和 Stein 模型的改进在于,第一,信息结构不同。Sharfstein 和 Stein 假设信息对称(管理者并不知道自己属于什么类型,市场也不知道),而 Zwiebel 则假设信息不对称(管理者知道自己的类型,但市场不知道)。第二,市场对声誉评价标准不同。Sharfstein 和 Stein 模型中,市场以相对行为(relative action)(即行为是否与他人一致)和绝对业绩(absolute performance)(即直接考察投资结果,不必与他人比较)来评价管理者声誉,而 Zwiebel 模型中,市场则以相对业绩(relative performance)(即投资业绩与行业基准比较的结果)和绝对行为(absolute action)(即投资行为不必与他人相同)来评价管理者声誉。

与 Zwiebel 模型的保守主义不同,Prendergast 和 Stole 模型强调即使是同一个管理者,在不同时期还可能出现夸大主义和保守主义两种相反的行为倾向。Prendergast 和 Stole 指出,"最初个人对信息会过度反应,但一段时间之后他不再乐于对新信息作出反应,以免被认为以前的行为是错误的"。他们用了一个奇怪而有趣的比喻作为说明:"一个任期过长的管理者不愿意改变之前的立场,正像一个'迟钝的老头',换上的新人可以产生更多的变化,但是新任管理者很可能夸大自己的意见,走向另一个极端,正像一个'鲁莽的年轻人'。"[①]

同一个管理者为何先后出现两种截然不同的行为倾向呢?Prendergast 和 Stole 模型的推导步骤如下:首先推导一般模型。假设聪明的管理者比愚蠢的管理者收到的盈利信号更为精确,因而对外界经济环境变化的反应更快。管理者所掌握的私下信息为 $m = \mu + \varepsilon_t$。其中,μ 为真实盈利信号,$\varepsilon \in N(0, \sigma^2)$,$\sigma$ 就表示管理者确定投资项目质量的能力,σ 越小,表明管理者的能力越高。管理者在 t 期间选择投资项目 I_t 的收益为 $r_t = \mu I_t - \frac{1}{2} I_t^2$,因为管理者不仅只是关心当期的利润 $\hat{\mu}_t$,而且还在乎每一期间末他个人获取利润的声誉,但是由于市场无法直接观察到管理者对 μ_t 的后验估计 $\hat{\mu}_t$,它只能观察到管理者的投资 I_t。管理者则必须通过向市场传递 $\hat{\mu}_t$ 信号来显示他的能力。如果 $h^{t-1} \equiv \{\hat{\mu}_n^*\}_{n=0}^{t-1}$ 表示管理者能力的历史,那么,在一个完全分离的均衡里,市场能够从管理者当前的投资水平(I_t)和先前的历史(h^{t-1})完美地对管理者的能力作出正确的后验估计,即:

$$[\mu_t - I_t^*(\mu_t, h^{t-1})] \frac{\partial I_t^*(\hat{\mu}_t, h^{t-1})}{\partial \mu_t} = \lambda \frac{\partial E[\sigma | \hat{\mu}_t, h^{t-1}]}{\partial \mu_t}, \forall \hat{\mu}_t \in R$$

(4-18)

由此,Prendergast 和 Stole 指出:"如果管理者能力后验估计的方差增大(减小),则体现管理者能力的投资变动也会增加(或减

① Prendergast, C. and Stole, L., Impetuous Youngsters and Jaded Old, Timers Acquiring a Reputation for Learning, *Journal of Political Economy*, 104, 1996, p. 1106.

少)。"管理者必须通过向市场传递 $\hat{\mu}_t$ 信号来显示他的能力,他或者选择"保守主义"的信号,或者选择"夸大主义"的信号。

然后,Prendergast 和 Stole 分别构建了夸大(或称过度反应)模型和保守(懒惰)模型。夸大模型指出,假设市场能够正确推断出 h^{t-1},在 t 期间里,对于所有 $\sigma \in [\underline{\sigma}, \bar{\sigma}]$,$\dfrac{d\hat{\sigma}_{\mu_t}^2(\sigma)}{d\sigma} < 0$,存在一个唯一的均衡,即只要 $\mu_t \neq \mu_{t-1}$,管理者就会夸大投资项目的盈利能力,对所掌握的新信息作出过度反应,即:

$$I^*(\mu_t, h^{t-1}) > \mu_t > \hat{\mu}_{t-1} \quad \text{或} \quad I^*(\mu_t, h^{t-1}) < \mu_t < \hat{\mu}_{t-1} \qquad (4\text{-}19)$$

相反,保守模型指出,假设市场正确推断出 h^{t-1},在 t 期间里,对于所有 $\sigma \in [\underline{\sigma}, \bar{\sigma}]$,$\dfrac{d\hat{\sigma}_{\mu_t}^2(\sigma)}{d\sigma} < 0$,同时存在一个足够小的 λ 使得 $\sup_t \lambda \left(\dfrac{\partial^2}{\partial \hat{\mu}_t^2} \right) E[\sigma | \mu_t, h^{t-1}] < \dfrac{1}{4}$,则存在一个唯一的均衡,即管理者会产生保守主义,忽视自己所掌握的新信息,用公式可以表示为:

$$\mu_t > I^*(\mu_t, h^{t-1}) > \hat{\mu}_{t-1} \quad \text{或} \quad \mu_t < I^*(\mu_t, h^{t-1}) < \hat{\mu}_{t-1} \qquad (4\text{-}20)$$

最后,将夸大主义和保守主义的条件相结合,可以得到一个夸大主义和保守主义的动态模型,表述如下:假设一个足够小的数 λ 对于任何 $\{\mu_t, h^{t-1}\}$ 满足 $\sup_t \lambda \left(\dfrac{\partial^2}{\partial \hat{\mu}_t^2} \right) E[\sigma | \mu_t, h^{t-1}] < \dfrac{1}{4}$,那么存在一个唯一的分离均衡,当 $1 \leqslant t'^* < t''^*$ 时,对于所有的 $t \leqslant t'^*$,管理者会产生夸大主义,而对于所有的 $t \geqslant t''^*$,管理者会产生保守主义。

Prendergast 和 Stole 指出,"理解模型结论的关键在于,随着时间的流逝,每一期的输入都与管理者过去的决定正相关"[①]。"他后

---

① Prendergast,C. and Stole,L. ,Impetuous Youngsters and Jaded Old,Timers Acquiring a Reputation for Learning,*Journal of Political Economy*,104,1996,p. 1119.

来的任何投资都会被看作过去和现在信息质量的体现,由此产生两个矛盾的效应:一方面他应该如同在第一期一样对新信息作出重大反应,以证明自己多么相信近期的观察;另一方面,他如果够聪明的话,就应该根本不需要对以往投资做任何修正"。①

Prendergast 和 Stole 模型的贡献在于对声誉模型作了两方面改进。第一,首次在时间纵轴上考察管理者以前的声誉对今后决策的影响,只有将以前的声誉纳入考虑,同一位管理者身上才可能先后出现夸大主义和保守主义两种截然相反的决策偏差。第二,Prendergast 和 Stole 模型的结论来自纯粹能力的学习,而非报酬函数的凹性或者凸性。

(3)Graham 模型

Graham 模型可以算是 Sharfstein 和 Stein 模型的一个翻版②,因为它在诸多方面与后者非常相似。例如,Graham 同样也假设存在聪明和愚蠢两类人;信息是对称的,人们都不知道自己的类型;聪明的人可以收到关于市场的私下信号,彼此信号是相关的,但愚蠢的人收到的私下信号没有信息含量,因而彼此信号不相关;人们获得的回报与他们的声誉(属于什么类型)正相关,因此人们的行为完全基于使自己的声誉最大化(尽可能使市场相信自己是聪明的)。所不同的是,Graham 模型中的行为人不再是 Sharfstein 和 Stein 模型中的一般管理者,而是证券分析师。

假设投资者雇佣了两个分析师(分别设为 X 和 Y),投资者根据他们的投资行为和投资结果来评价他们究竟是聪明的还是愚蠢的。

---

① Prendergast,C. and Stole,L.,Impetuous Youngsters and Jaded Old,Timers Acquiring a Reputation for Learning,*Journal of Political Economy*,104,1996,p.1108.

② Gramham 曾在文中坦言"我们用一个证券分析师的简单模型来研究羊群行为,借鉴了 Sharfstein 和 Stein(1990)的模型"。见 Graham,J.,Herding among Investment Newsletters:Theory and Evidence,*Journal of Finance*,54,1999,p.238.

博弈的过程分为三个阶段:第一阶段,X分析师首先完成投资,并公布他的投资决策;第二阶段,Y分析师进行投资决策;第三阶段,实现投资结果(r_H表示好的投资结果,r_L表示坏的投资结果)。每一投资结果出来后,私人投资者判断X分析师为聪明人的后验概率为:

$$\hat{\theta}^X(\hat{s}_G^X, r_L) \equiv Pr(X \text{聪明的人} | \hat{s}_G^X, r_L) = \frac{\theta(1-p)}{\theta(1-p)+(1-\theta)\frac{1}{2}}$$

(4-21)

$$\hat{\theta}^X(\hat{s}_G^X, r_H) \equiv Pr(X \text{聪明的人} | \hat{s}_G^X, r_H) = \frac{\theta p}{\theta p+(1-\theta)\frac{1}{2}} \quad (4-22)$$

其中:θ表示分析师为聪明的人的先验概率,它事前为全部人所共同所知,$\theta \in (0,1)$。p表示分析师所掌握信号的准确性。

那么为何X分析师愿意"说真话"(公告他所掌握的信息),而Y分析师愿意放弃自己的私下信息去跟随X分析师的决策(选择羊群行为)呢?Graham指出,通过一个纯战略贝叶斯纳什均衡(pure strategy Bayesian Nash equilibria)分析可以得到,给定其他分析师的策略时每个分析师选择能让其声誉最大化的行为,以式子表示如下:

$$\hat{\theta}^X(\hat{s}_G^X, r_H)Pr(r_H|s_G^X)+\hat{\theta}^X(\hat{s}_G^X, r_L)Pr(r_L|s_G^X) > \hat{\theta}^X(\hat{s}_B^X, r_H)$$

$$Pr(r_H|s_G^X)+\hat{\theta}^X(\hat{s}_B^X, r_L)Pr(r_L|s_B^X)$$

(4-23)

$$\hat{\theta}^Y(\hat{s}_G^X, \hat{s}_B^Y, r_L)Pr(r_L|\hat{s}_G^X, \hat{s}_B^Y)+\hat{\theta}^Y(\hat{s}_G^X, \hat{s}_B^Y, r_H)Pr(r_H|\hat{s}_G^X, \hat{s}_B^Y) < \theta$$

(4-24)

不等式(4-23)是给定Y分析师的策略时,X分析师的最优决策,其中不等号的左边是X分析师"说真话"的预期声誉,大于不等号的右边X分析师隐瞒自己私下信号的预期声誉。不等式(4-24)是给定X分析师的最优决策时,Y分析师的最优决策,其中不等式的左边表示Y分析师真实公告所掌握信息时的预期声誉,小于不等式的右边 Y 分析师采取羊群行为时的预期声誉。

根据上述理论推导,Graham 提出了两个可检验的命题。命题一提出,如果 X 分析师和 Y 分析师得到相同的私下信息,他们始终会作出相同的投资决策。如果 X 分析师和 Y 分析师得到不同的私下信息,存在三种可能结果:①X 分析师和 Y 分析师均真实公告他们所掌握的私下信息;②X 分析师公告他所掌握的私下信息,Y 分析师成为他的追随者;③X 分析师不真实公告他的信息,而 Y 分析师真实公告他的私下信息。命题二提出,作为领头者的行为人 X,其真实公告信息的动机受到以下因素的影响:①因能力而提高;②因信号关联度而提高;③因先验概率而提高;④因事先所掌握信息的强度是否与其私下信息相一致而提高或降低。与之相比较,作为羊群行为的追随者 Y,其真实公告信息的动机随以下变量的变化而变化:①因能力而提高;②因信号关联度而降低;③因先验概率而降低;④因事先所掌握信息的强度是否与其私下信息相一致而提高或降低。

虽然 Graham 模型实际上只是 Sharfstein 和 Stein 模型的"证券分析师版",从理论角度并没有太多的改进,但是值得注意的是,它提出了两个可检验的命题,这是前几个模型所不具备的。其中,命题一将 Sharfstein 和 Stein 的思想改造成为具体的实证检验问题;而命题二进一步提出了影响行为人决策的关键因素,为声誉模型的实证检验提供了直接依据。

三、管理者羊群行为的实证检验

管理者羊群行为实证检验的发展相比理论研究显得较为薄弱,现有的实证研究可以分为两类,第一类致力于创造出检验模型来探测羊群行为是否存在,主要成果大量集中于对共同基金管理者买卖股票的羊群行为和证券分析师推荐意见的羊群行为的研究之上,例如,Lakonishok、Shleifer 和 Vishny(1992),Grinblatt、Titman 和 Wermers(1995),Wermers(1999)等文献发现,共同基金的管理者存在羊群行为,Stickel(1990)、Welch(2000)等文献发现证券分析师推荐意见存在羊群行为,而 Bemhardt、Campello 和 Kutsoati(2006)认为证券分析师推荐意见存在"反羊群行为"。在检验羊群行为存在性的成果中仅有少数文献直接针对公司政策,例如 Patel、Zeckhauser 和 Hendricks(1991)发现,公司在负债选择的决策中出现类似于候鸟迁徙的群体行为。管理者羊群行为的第二类实证研究致力于对羊群行为产生原因进行实证检验,这些文献主要集中于对声誉模型的检验,而信息层叠理论在实证检验上的困难仍然没有被克服。著名的声誉模型实证检验包括 Graham(1999),Hong、Kubik 和 Solomon(2000)的研究,前者证实了投资通讯(证券分析师)的声誉越高、平均能力越低或先前信息越强以及信号关联度越大时,就越可能出现羊群行为;后者则认为证券分析师对其声誉的关注与对日后职业生涯的考虑会导致分析师放弃自己的判断而追随他人,造成羊群行为。

1.关于共同基金管理者的羊群行为的实证检验

虽然早在 1970 年 Friend、Blume 和 Crockett 就曾指出共同基金管理者的行为具有模仿性,他们倾向于买入上个季度成功的基金经理买入的股票[1],Kraus 和 Stoll(1972)也曾经就机构投资者参考同行过去月度的投资数据进行平行交易的问题(类似羊群行为)进行检验[2],但是首先对共同基金管理者羊群行为进行研究的是 Lakon-ishok、Shleifer 和 Vishny(1992)(以下简称 LSV),他们把羊群行为定义为"共同基金管理者同时买入或卖出其他管理者买入(或卖出)

---

① Friend,Blume,Crockett,*Mutual Funds and Other Institutional Investors*,McGraw-Hill,New York,MY,1970,转引自 Lakonishok,J.,Shleifer,A. and Vishny,R. W.,The Impact of Institutional Trading on Stock Prices,*Journal of Financial Economics*,32,1992,p. 25.

② Kraus,A. and Stoll,H. R.,Parallel Trading by Institutional Investors,*Journal of Financial Quantitative Analysis*,7,1972,pp. 569~588,转引自 Lakonishok,J.,Shleifer,A. and Vishny,R. W.,The Impact of Institutional Trading on Stock Prices,*Journal of Financial Economics*,32,1992,p. 25.

的证券的交易行为"[1],他们提出的共同基金羊群行为测度指标后来被广泛运用于管理者羊群行为的实证检验中。

LSV 检验假设在一个设定的季度里,共同基金管理者所持有的股票中,50%为新增加的股票,另外 50%为新减少的部分,此时对于单只股票交易来说不会出现任何羊群行为。倘若共同基金管理者所持股票中的 70%为新增加的部分,30%为新减少的股票,或者正好相反,70%为新减少的部分,30%为新增加的股票,则市场出现一边倒的情况,对于单只股票交易而言,可以认为共同基金管理者存在羊群行为。用公式表述如下:

$$HM_{i,t} = \left| \frac{BQ_{i,t}}{(BQ_{i,t} + SQ_{i,t}) - E(p_t) - AF_{i,t}} \right| \qquad (4\text{-}25)$$

其中:$BQ_{i,t}$ 表示该季度新增加(净买入)股票持有的共同基金管理者人数,$SQ_{i,t}$ 表示该季度新减少(净卖出)股票持有的共同基金管理者人数,$E(p_i)$ 表示该季度进行交易的共同基金管理者总人数中,预期新增加(净买入)股票的共同基金管理者人数所占的比例。$AF_{i,t}$ 为调整项,当没有羊群行为时,它等于 $\left[\frac{BQ}{(BQ + SQ - E(p))} \right]$ 的预期值,$HM_{i,t}$ 即为羊群行为的衡量指标。

其后,Grinblatt、Titman 和 Wermers(1995)(以下简称 GTW)改进了 LSV 的羊群行为测度,认为羊群行为是"群体在多大程度上于同一时间压倒性地买入或压倒性地卖出同一股票"[2]。他们的研究证实,共同基金管理者的羊群行为虽然不大,但是在统计上是显著

① Lakonishok,J.,Shleifer,A. and Vishny,R. W.,The Impact of Institutional Trading on Stock Prices,*Journal of Financial Economics*,32,1992,p. 25.

② Grinblatt, M. Titman, S. and Wermers, r., Momentum Investment Strategies,Portfolio Performance,and Herding:A Study of Mutual Fund Behavior,*American Economic Review*,85,1995,p. 1089.

存在的。GTW 将 LSV 检验称为"未标记的羊群行为衡量指标"（unsigned herding measurement,简称 UHM）[1],指出后者没有将羊群行为区分为买方羊群行为或卖方羊群行为,缺点是"主要是从单只股票（而不是从单家共同基金的角度）的角度,且基于全部 274 家共同基金的样本之上"。为此,GTW 提出一个改进的羊群行为衡量指标,称之为"有标记的羊群行为衡量指标"（signed herding measure,简称 SHM）。SHM 用公式可以表示如下：

$$SHM_{i,t} = s_{i,t} \times UHM_{i,t} - E[s_{i,t} \times UHM_{i,t}] \qquad (4\text{-}26)$$

其中：如果 t 季度里参与 i 股票交易的共同基金少于 10 只,或特定季度的特定股票出现负向的羊群行为,则 $SHM_{i,t} = 0$,反之亦然。$s_{i,t}$ 的取值如下：如果一家共同基金在 t 季度里对于 i 股票的交易与市场同向（with the herd）,则 $s_{i,t} = 1$;反之,如果交易与市场反向,则 $s_{i,t} = -1$。例如一个有 41 个季度,每个季度共有 3 个月的收益率数据的样本,单只共同基金羊群行为的衡量指标（FHM）如下：

$$FHM = \frac{1}{120} \sum_{t=1}^{40} \sum_{T=1}^{3} \sum_{i=1}^{N} (\bar{W}_{i,3t} - \bar{W}_{i,3t-3}) SHM_{i,3t-3+T} \qquad (4\text{-}27)$$

其中,$\bar{W}_{i,t}$ 和 $\bar{W}_{i,t-1}$ 分别为 i 股票在 t 时期和 $t-1$ 时期在组合中的权数。

LSV 和 GTW 的检验结果实际上存在较大分歧,LSV 认为从市场的总体性来看,买进来每一张股票的同时都卖出去一张股票,这表明在某一个特定季度里,对于某一特定股票而言,共同基金管理者并未存在羊群行为;而 GTW 的检验结果却表明,无论是哪一类的共同基金（平衡型、增长型、收益型或特定目的型）,都存在"尽管不是特别大,但统计上却显著"的羊群行为。这样矛盾的检验证据不免令人疑

[1] Grinblatt, M. Titman, S. and Wermers, r., Momentum Investment Strategies,Portfolio Performance,and Herding：A Study of Mutual Fund Behavior,*American Economic Review*,85,1995,p. 1089.

惑,到底共同基金管理者究竟是否存在羊群行为呢?

四年之后,Wermers(1999)对此重新进行了检验。他没有延续GTW的思路,而是重新回到LSV检验。总体而言,Wermers检验并未对LSV模型有太大的变动,而是致力于从实验设计上进行改进,这些改进包括:(1)增加了样本的检验期间和检验样本数[①];(2)把LSV检验进一步细化,例如,将总样本细分为"买入羊群行为衡量指标"($HMB_{i,t}$)与"卖出羊群行为衡量指标"($HMS_{i,t}$),将全部共同基金另外再细分为激进增长型基金、增长型基金、增长与收益型基金、平衡或收益型基金以及国际或其他型基金等五类。Wermers(1999)的检验结果表明:(1)Wermers检验所得到的$HM_{i,t}$比LSV略高,但"这样一个羊群行为的总平均水平($HM_{i,t}=3.4\%$)并不会看起来太大"[②]。(2)不同类别的共同基金具有不同程度的羊群行为,国际或其他型基金里的羊群行为最多,而激进增长型基金的羊群行为大约是增长和收益型基金或收益型基金的两倍。(3)规模小的股票比规模大的股票更容易产生羊群行为,在规模小的股票里,卖方又比买方更易出现羊群行为;而属于增长型那类的共同基金在小规模股票交易中具有较多的羊群行为。(4)过去的业绩对羊群行为存在影响,过去表现异常好的股票中会出现"略微较高水平"的羊群行为;在以往业绩最好的股票里买方羊群行为最多,而以往业绩最差的股票卖方羊群行为最多;羊群行为买入的股票,其以往收益率最高,羊群行为卖出的股票,其以往收益率最低。

2.证券分析师的羊群行为的检验

---

① Wermers将样本检验期间从4年增加到了20年,共同基金样本数从769家"戏剧性地"增加到了2 400家。Wermers不无自豪地说:"我们提供了最为全面的检验证据。"见Wermers,R.,Mutual Fund Herding and the Impact on Stock Prices,*Journal of Finance*,54,1999,p.583.

② Wermers,R.,Mutual Fund Herding and the Impact on Stock Prices,*Journal of Finance*,54,1999,p.593.

证券分析师虽然未必都是管理者,但是其决策行为的动因和过程都与公司管理者有众多相似之处,而且他们的决策在很大程度上对公司管理者行为产生深刻的影响,所以关于证券分析师的羊群行为也应该作为管理者羊群行为的一个重要分支受到研究者的重视。

所谓证券分析师的羊群行为包括两部分内容:一方面,根据Welch(2000)的定义,它指证券分析师的预测"受到其他证券分析师的一致看法及最近的修正意见"的影响程度。[1] 另一方面,与Prendergast 和 Stole 模型中考虑之前的决策对后续决策的影响的思想类似,Trueman(1994)也指出"即使一项极端的预报可以被私下信息证明是正确的,证券分析师仍然偏好于报告那些与先前预报相接近的预报"[2]。同时 Welch 也承认,证券分析师本人之前的预报也是影响他自己下一次预报的主要因素。因此,证券分析师的羊群行为既包括他受其他分析师舆论影响的程度,也包括他受自身之前预报影响的程度。

关于证券分析师羊群行为测度的最早文献记载来自 Stickel(1990)的研究。[3] 它包括两个步骤:

第一个步骤首先构建一个能够估计个别证券分析师对公司每股盈利预报的模型。假设 X 证券分析师在 t 日前的 d 天对 i 公司每股盈利作出的预报为 $FEPS_{i,X,t-1}$,而后在 t 日对 i 公司每股盈利进行的新预报为 $FEPS_{i,X,t}$,则该证券分析师在 $t-d$ 和 $t-1$ 日之间对 i

① Welch,I.,Herding among Security Analysts,*Journal of Financial Economics*,58,2000,p.370.

② Trueman,B.,Analyst Forecasts and Herding Behavior,*Review of Financial Studies*,7,1994,p.98.

③ 尽管 Stickel(1990)没有直接使用"羊群行为"一词,而是使用了"从众"(follow the crowd)一词,但从内容上来看,Stickel 的文章已经非常接近证券分析师羊群行为的分析思想。严格说来,Graham(1999)的也可以算作一篇,但是其主要目的在于检验声誉模型,而不是验证羊群行为是否存在,所以本节不作主要介绍。

公司每股盈利预报的修正幅度可以定义为：$FEPS_{i,X,t} - FEPS_{i,X,t-1}$。该修正幅度与以下三方面的信息变化存在正相关关系：(1)其他证券分析师在 $t-d$ 和 $t-1$ 日之间对 i 公司每股盈利一致预报的平均值 $CEPS_{i,t-1}$ 的变动幅度；(2)其他证券分析师在 $t-d$ 对 i 公司每股盈利一致预报的平均值 $CEPS_{i,t-1}$ 与 X 证券分析师在 $t-d$ 对 i 公司每股盈利预报 $FEPS_{i,X,t-1}$ 之间的差异；(3)i 公司从 $t-d$ 到 $t-1$ 日间的累积收益率 $r_{i,(t-d,t-1)}$ 与 X 证券分析师在 $t-d$ 日对 i 公司预报 $FEPS_{i,X,t-1}$ 之间的乘积。用公式表示为：

$$FEPS_{i,X,t} - FEPS_{i,X,t-d} = \beta_0 + \beta_1(CEPS_{i,t-1} - CEPS_{i,t-d}) + \beta_2(CEPS_{i,t-d} - FEPS_{i,X,t-d}) + \beta_3(FEPS_{i,X,t-d} \times r_{i,(t-d,t-1)} + \varepsilon_{i,X,t}) \qquad (4\text{-}28)$$

第二个步骤以 ZACKS 和 CRSP 数据库中 1980 年到 1985 年间 1 500 家公司的证券分析师预报数据为样本，对式(4-28)进行 144 次最小二乘回归，计算回归后所得到的参数估计值的平均值。结果显示，三个解释变量的估计值均显著大于零，回归模型可调整 R^2 的平均值为 0.38，这说明个别证券分析师下一次预报与其他证券分析师的预报之间存在显著的正相关关系，也就是说，证券分析师的预报的确存在显著的羊群行为。

自 Stickel(1990)之后，关于证券分析师羊群行为测度的研究并不多，其中较有代表性的成果来自 Welch (2000) 和 Bemhardt、Campello 和 Kutsoati(2006)(以下简称 BCK)，二者代表了截然相反的两种观点。其中，Welch 与大多数财务学家的观点一致，认为"尽管突出的经验证据令人惊奇地相当稀疏，但羊群行为，特别是金融市场里的羊群行为经常被认为是普遍的现象……或许最经常提到的羊群行为是证券分析师对单只股票买卖的(买入、持有或者卖出)推荐意见"。[1]

Welch 采取的是马尔科夫概率矩阵分析法。首先假设每位证券分析师的推荐意见可以有以下五种:强力买入、买入、持有、卖出、强力卖出。$P(\theta,C)$为一个反映证券分析师修正其推荐意见的5×5的马尔科夫概率矩阵,其中,θ用以衡量证券分析师推荐意见的转换矩阵是否随所观察到的一致看法转变,C表示一致看法。矩阵中,行代表证券分析师先前的推荐意见,列代表新修正后的推荐意见,每行之和等于1,每位分析师从i行转换到j列,即从先前的推荐意见转换到修正后的推荐意见的概率为$p_{i,j}$,因此有:

$$p_{i,j}(\theta,T) \equiv p_{i,j}(0)\left\{\frac{[1+(j+T)^2]^{-\theta}}{M_i}\right\}$$

$$其中 M_i = \sum_{j=1}^{5} p_{i,j}(0)[1+(j-T)^2]^{-\theta} \qquad (4\text{-}29)$$

式(4-29)中,"正的θ值将概率群体从无条件的转换矩阵移到一个将更多权重放在接近于目标(例如一致看法)推荐意见的转换矩阵上"[2]。因此,θ可以被当作羊群行为的衡量参数,如果θ值为0,说明证券分析师独立于一致看法T;如果θ值为正,说明证券分析师向一致看法T转变;如果θ值为负,说明证券分析师背离一致看法。θ可以通过估计$\hat\theta$得到:

$$\hat\theta = \arg\max_\theta \sum_o \log[p_{i,j}(\theta,T_O)|_{\langle i_o, j_o\rangle}] \in \chi_1^2 \qquad (4\text{-}30)$$

Welch 选择 1989—1994 年间 226 家经纪人所提出的 302 000 次推荐意见作为检验样本,他将每位证券分析师所给出的五种推荐意见分别取值为:强力买入=1,买入=2,持有=3,卖出=4,强力卖

[1] Welch,I.,Herding among Security Analysts,*Journal of Financial Economics*,58,2000,p.370.

[2] Welch,I.,Herding among Security Analysts,*Journal of Financial Economics*,58,2000,p.377.

出=5，实证检验结果表明，θ 在 0.01% 的统计水平上均相当显著。Welch 认为，一致看法对证券分析师修正其推荐意见具有正向的影响，证券分析师的预报的确存在显著的羊群行为；最近两次的修正对证券分析师下一次的修正具有正向的影响，而且越近的修正，影响越大。

但是，BCK 与 Welch 及大多数学者的观点不同，他们独树一帜，主张纵然证券分析师预报中存在"群聚行为"，也并不一定就说明证券分析师具有羊群行为，"证券分析师的预报确实不是无偏估计，但他们没有采取羊群行为。相反，他们是'反羊群行为'"[①]。BCK 指出，通过考察证券分析师在预报中的群聚现象来证明证券分析师的羊群行为不准确，原因有五方面：第一，先前的预报本身很可能包含了有价值的信息，能够被后来的证券分析师吸收到他们的预报中；第二，证券分析师的信息来源可能来自同一个渠道，他们的预报可能反映了共同的内容；第三，市场范围内的未预期事件可能导致绝大部分证券分析师同时出现偏差；第四，证券分析师所衡量的盈利与经济计量学家所衡量的盈利或许不同；第五，证券分析师可能系统地出现过度乐观或过度悲观的行为。他们指出，以上诸点均可能"形成表面上的羊群行为"，如果要准确衡量证券分析师是否存在羊群行为，必须区分羊群行为和反羊群行为（anti-herding）。无论是羊群行为还是反羊群行为，实际上都是一种有偏估计。在羊群行为中，证券分析师的个人预报偏离了一致看法对公司盈利的最优估计；在反羊群行为中，证券分析师的个人预报偏离了其掌握信息所能得到的一致看法对公司盈利的估计。反羊群行为可以说是对羊群行为的进一步偏离，表明证券分析师在其预报中无系统地过分强调自己的私下信息。

那么如何在实证检验中区分羊群行为和反羊群行为呢？BCK 提出以下条件概率：

---

① Bernhardt, D., Campello, M., and Kutsoati, E., Who Herds? *Journal of Financial Economics*, 80, 2006, p. 657.

$$Pr(E_I < F_I \mid \overline{FC_I} < F_I, F_I \neq E_I, e^+) \quad \text{和}$$

$$Pr(E_I > F_I \mid \overline{CF_I} > F_I, F_I \neq E_I, e^-) \tag{4-31}$$

其中：I 代表反映证券分析师在给定季度里对公司盈利一般预报的指数，E_I 为公司可实现盈利，F_I 为证券分析师的预报，$\overline{CF_I}$ 为公开已知的一致看法，e^+ 和 e^- 分别代表条件事件，e^+ 表示证券分析师的预报高于一致看法，e^- 表示证券分析师的预报低于一致看法。

如果证券分析师的预报为无偏估计，即 $\overline{F_I} = E_I$，E_I 为证券分析师对公司盈利的事后分布的平均值，那么，式(4-31)中所估计的条件概率应为 $\frac{1}{2}$。因此，如果证券分析师出现羊群行为，式(4-31)应变为：

$$Pr(E_I < F_I \mid \overline{FC_I} < F_I, F_I \neq E_I, e^+) < \frac{1}{2} \text{和}$$

$$Pr(E_I > F_I \mid \overline{CF_I} > F_I, F_I \neq E_I, e^-) < \frac{1}{2} \tag{4-32}$$

如果证券分析师出现反羊群行为，不等式(4-32)应变为：

$$Pr(E_I < F_I \mid \overline{FC_I} < F_I, F_I \neq E_I, e^+) > \frac{1}{2} \text{和}$$

$$Pr(E_I > F_I \mid \overline{CF_I} > F_I, F_I \neq E_I, e^-) > \frac{1}{2} \tag{4-33}$$

假设 γ_I^+ 和 γ_I^- 为条件指示函数，δ_I^+ 和 δ_I^- 为过度偏离指示函数[1]，不等式(4-32)和(4-33)的检验统计量为：

$$S(e^-, e^+) = \frac{1}{2} \left[\frac{\sum_I \delta_I^+}{\sum_I \gamma_I^+} + \frac{\sum_I \delta_I^-}{\sum_I \gamma_I^-} \right] \tag{4-34}$$

---

① 所谓条件指示函数，即：如果出现 e_I^+ 或 e_I^-，则 $\gamma_I^+ = 1$ 或 $\gamma_I = 1$；反之，$\gamma_I^+ = 0$ 或 $\gamma_I = 0$。所谓过度偏离指示函数，即：如果出现 e_I^+ 或 e_I^-，且 $CF_I > E_I$ 或 $CF_I < E_I$，则 $\delta_I^+ = 1$ 或 $\delta_I^- = 1$；反之，$\delta_I^+ = 0$ 或 $\delta_I^- = 0$。见 Bernhardt, D., Campello, M., and Kutsoati, E., Who Herds? *Journal of Financial Economics*, 80, 2006, p. 663.

如果 $S=\dfrac{1}{2}$，证券分析师的预报即为无偏估计。转换假设为，如果 $S<\dfrac{1}{2}$，证券分析师即存在羊群行为；反之，如果 $S>\dfrac{1}{2}$，证券分析师存在反羊群行为。

BCK 根据证券分析师对 1989—2001 年间 4 456 家公司所作出的 387 756 次预报的数据，得到的检验结果拒绝了无偏估计的原假设与羊群行为的转换假设，却显著支持了反羊群行为的转换假设。正如他们在文章中反复强调的，"证券分析师系统地发布反羊群行为的预报，他们的预报一定程度上偏离了其他证券分析师的一致看法"。①

3. 关于公司决策的羊群行为检验

多方研究已经证明共同基金管理者和证券分析师的行为存在羊群行为，那么公司管理者是否在财务决策中也存在羊群行为呢？Hirshleifer 和 Teoh(2003)对这个问题给予了肯定的回答，他们明确指出："在流行的压力下，管理者在管理方法、投资选择和财务报告方式中都很容易愚蠢地随大流。"②不过，迄今为止，关于公司决策的直接研究实属凤毛麟角。Patel、Zeckhauser 和 Hendricks(1991)(以下简称 PZH)就是其中之一。他们的研究成果是对公司资本结构选择中的羊群行为进行检验的最早的研究成果，他们提出了资本结构"羊群迁徙行为"假说，并推测这种假说能够解释行业内公司资本结构选择的行为。

PZH 的"羊群迁徙行为"假说是建立在鸟类迁徙活动的基础上。

---

① Bernhardt, D., Campello, M., and Kutsoati, E., Who Herds? *Journal of Financial Economics*, 80, 2006, p. 674. 至于证券分析师为何会出现反羊群行为, BCK 认为可能是证券分析师往往过于乐观或悲观。

② Hirshleifer, D. and Teoh, S. H., Herd Behavior and Cascading in Capital Markets: a Review and Syntheses, *European Financial Management*, 9, 2003, p. 53.

他们指出,几乎所有的迁徙动物都会意识到群体迁徙的安全性,并在迁徙中避免过远地离开群体,而公司管理者在对公司资本结构的调整过程中也可能会产生这种羊群迁徙行为。不过管理者也知道,由于公司各自特征的不同,可能存在不同的最优资本结构,尽管个体公司向一个符合公司自身特征的最优债务权益比进行动态调整会有一些好处,但同时也会因为"偏离羊群"(偏离行业均值)而承担额外的成本或受到市场的惩罚。这些惩罚可能包括:投资者可能会认为购买负债比率远高于行业均值公司的股票所需承担的风险较大,银行也往往不愿意向那些负债比率远高于行业均值的公司提供贷款。因此,管理者必须在以公司自身特征为基础的最优资本结构带来的收益和偏离群体行业均值的成本之间进行权衡。同时,由于公司管理者无法确定最优资本结构的真实值,而人们在面对不确定性信息时都有"搭便车"的心理倾向,这就促使管理者会模仿行业中大多数人的资本结构,羊群行为就这样出现了。

PZH 采用一个成本调整模型,如果调整负债权益比带来的好处是线性的,调整成本是增函数,而且线性函数的参数是不变的,那么公司每次都将调整一个固定的数值,并不受其他公司的影响。但假如负债权益比朝最优值每变化一个单位,在带来好处的同时,由于偏离群体(例如行业中其他的公司),也带来了一个二次方的损失,这种情况下,公司的最优负债权益比就不是原先的值,而是原先值的线性加权之后额外加上行业的预期最优负债权益比。所以,通过公司滞后的公司债务权益比和滞后两期的行业债务权益比均值对公司当期的债务权益比进行回归,如果滞后的行业预期负债比的回归系数显著为正,就可以断定公司在决定债务权益比时存在羊群行为。PZH以 1971—1989 年美国市场上 10 个行业的 182 家销售收入最大的公司为样本进行研究发现,在所有考察的 10 个样本行业中有 7 个行业在公司债务权益选择中存在显著的羊群行为。

PZH 的研究成果是第一份直接涉及公司财务决策羊群行为的文献。虽然他们的推导过程和检验结果都十分简单,甚至完全以语言叙述,没有出现一个数学公式,但是胜在简洁明了。同时也因为这是首次把羊群行为引入公司决策这个新领域,这使得文章的意义显得特别重大。不过由于这并不是专门针对羊群行为的文献,Patel 等人对此也只是浅尝辄止,后续没有深入下去。他们指出,"这是个相对未开发的领域",未来的研究还有大量工作要做。

4.关于管理者羊群行为产生原因的实证检验

与关于公司政策羊群行为的研究情形类似,在关于羊群行为产生原因的实证检验中,Graham 也叹惜"在羊群行为理论模型的检验领域里,尚有很多工作需要完成"[①],但相对于信息层叠理论,声誉模型的实证检验已经属于其中成果较多者。主要的研究成果来自 Graham(1999),Hong、Kubik 和 Solomon(2000)(以下简称 HKS)。

(1)Graham 检验

Graham 模型"采用了一个在 Scharfstein 和 Stein 模型之后成型的简单股票分析师模型来分析羊群现象"[②],Graham 检验随后就对此进行了验证。从 Graham 的两个命题里可知,作为羊群行为的追随者与作为羊群行为的头羊,在掌握私下信息及真实公告这些信息的动机方面存在不同,一旦他们所掌握的私下信息相同,追随者总是采取与头羊相同的行为。因此,导致追随者采取与头羊相同行为的条件可以表示如下:

①作为追随者的分析师,其分析能力(A)很低;
②私下信息所传递的信号高度相关(ρ);
③作为追随者的分析师的早期声誉(θ)很高;
④先前所获得的信息(α)相当强烈,且与头羊的公告相符。

Graham 使用了包括著名的《价值线投资调查》在内的两套投资

① Graham,J. , Herding among Investment Newsletters:Theory and Evidence,*Journal of Finance*,54,1999,p. 261.

② Graham,J. , Herding among Investment Newsletters:Theory and Evidence,*Journal of Finance*,54,1999,p. 238.

通讯数据来检验声誉模型。Graham 将《价值线投资调查》当成市场领头羊,然后考察其他追随者是否跟从领头羊。在 Graham 的回归方程中,如果投资通讯的推荐与《价值线投资调查》的方向相一致,因变量设为 1;反之,因变量设为 0。在解释变量中,除了先前信息(以标准普尔氏 500 的前一期超常收益率来衡量)、投资通讯的事后准确度、信号的关联度和市场不确定性外,他同样还设了一系列的哑变量,包括是否推荐卖空、市场先前变动概率的大小、年度变量以及投资通讯声誉等。其中分析师的能力、信号的关联度和分析师的声誉是关键变量。分析师的能力(A)根据其是否作出"正确的"推荐意见来衡量。所谓"正确的"推荐意见,是指投资通讯在月度市场超常收益出现正值前就推荐投资者增加权重,或者在月度市场超常收益出现负值前就推荐投资者降低权重。分析师的能力越高,他的羊群行为就越少。根据每位分析师对财政部 3 个月国库券利率私下预测的标准差,除以所有分析师同类预测中最大的标准差,得出可用于间接衡量信号关联度(ρ)的变量。分析师的羊群行为与信号的关联度成正相关关系。分析师声誉(θ)的衡量方法有两种:一种方法是用哑变量来表示,即如果投资通讯在 1980 年 6 月之前被选入《休伯特金融摘要》(*The Hulbert Financial Digest*),则设为 1,表示投资通讯具有很高的声誉;反之,如果在 1980 年 6 月之后才被选入《休伯特金融摘要》,设为 0,表示声誉较低。另一种方法是给那些被选入《休伯特金融摘要》的投资通讯赋予 0.65 的初始值,给其他投资通讯赋予 0.35的初始值,然后再分别进行调整。

　　Graham 的检验结果表明,从短期(1980—1981 年间)来看,投资通讯(证券分析师)的羊群行为与先前信息正相关,与分析师能力负相关,说明掌握私人信息越准确的分析师越不可能出现羊群行为。投资通讯与声誉变量之间显著正相关,说明声誉较高的投资通讯较可能出现羊群行为。以上检验结果"为声誉模型提供了支持"。从长期样本(1980—1992 年间)来看,检验结果表明,当投资通讯(证券分析师)的声誉很高、平均能力很低或先前信息很强以及信号关联度很大时,投资通讯越可能出现羊群行为,实证分析为声誉模型假设"提供了统计上的显著支持"。[①]

(2) Hong、Kubik 和 Solomon 检验

Graham 检验像是针对 Scharfstein 和 Stein 模型,而 HKS 检验发现"老资格的分析师同样更可能及时发布盈利预测并比他们年轻的同事更少修正他们的预测",这不免令人将其与 Prendergast 和 Stole 模型联系在一起。相应的,从实证方法角度而言,HKS 检验与 Graham 检验的不同之处在于,它在对证券分析师声誉的衡量上增加了"职业生涯的考虑"。HKS 指出:"对声誉或'职业生涯考虑'会不时导致证券分析师忽略他们所掌握的私下信息,转而模仿别人的行动:即出现羊群行为。"[②] HKS 解释道,业绩好的证券分析师常常可以在媒体上曝光,在职业市场上可以受到高薪网罗,这说明过去的业绩表现对未来职业生涯有重要影响。也就是说,证券分析师的推荐被他们职业生涯的考虑所影响。证券分析师获知自己所掌握的私下信息完全不同于其他人时,他可能会觉得按他自己的信息来作出盈利预测报告无异于向职业市场表明他的能力极为低下,他会被看成是一个愚蠢的分析师。所以他就放弃自己的私下信息,表现出羊群行为。年轻的、没有经验的证券分析师面临更严峻的职业生涯选择,因此他们在盈利预测中更为小心翼翼,不愿意招惹更多的风险,他们的预测也较为趋向于一致看法,即更容易出现羊群行为。另外,

---

① Graham, J., Herding among Investment Newsletters: Theory and Evidence, *Journal of Finance*, 54, 1999, pp. 255~257。Graham 同时还对衡量分析师声誉的其他若干方法进行稳健性检验,例如,投资通讯的年限等。他发现其他类似于投资通讯的年限的声誉指标与羊群行为均无关。只有投资通讯的推荐与《价值线投资调查》的推荐之间的参数估计值显著相关,从而进一步说明投资通讯(证券分析师)出现羊群行为的动机随分析师声誉的提高而增强。

② Hong, H., Kubik, J. and Solomon, A., Security Analysts' Career Concerns and Herding of Earnings Forecasts, *Rand Journal of Economics*, 31, 2000, p. 121.

他们也更不容易及时作出盈利公告,往往会频繁地修正他们的盈利预测。总之,在其他条件相同的情况下,考虑职业生涯的证券分析师要比不用考虑职业生涯的证券分析师、没经验的证券分析师要比有老资格的证券分析师更容易出现羊群行为。

为了从实证上检验声誉模型,HKS 构建了如下检验方程:

$$DFC_{i,j,t} = \alpha + \beta_1 \, exp_{i,t} + f_j \times N_t + E(P)_{i,t-1} + BH_{i,t} + \varepsilon_{i,j,t} \quad (4\text{-}35)$$

其中:$DFC_{i,j,t} = |F_{i,j,t} - \bar{F}_{-i,j,t}|$,表示某个证券分析师偏离其他所有证券分析师一致看法的程度,$F_{i,j,t}$ 为 i 证券分析师在 t 年 1 月 1 日和 7 月 1 日之间对 j 股票的年末每股盈利预测,$\bar{F}_{-i,j,t}$ 为除 i 证券分析师之外,其他所有证券分析师在 t 年里对 j 股票最近一期盈利预测的平均值,作为盈利预测一致看法的衡量标准。$exp_{i,j}$ 为哑变量,若证券分析师至 t 年止具有三年以上从业经验,设定值为 1,若仅有三年从业经验,设定值为 0。$BH_{i,j}$ 为表示证券分析师所工作的经纪商行号的哑变量,为每年包括全部公司在内的一组完整的哑变量,$E(P)_{i,t-1}$ 为衡量证券分析师预测结果好坏的指标。

HKS 的检验结果证实,老资格的证券分析师比年轻证券分析师较不容易出现羊群行为。他们认为,这个实证检验结果可以支持 Scharfstein 和 Stein 模型和 Zwiebel 模型,但不支持 Prendergast 和 Stole 模型。

四、小结

对管理者羊群行为的文献回顾表明,管理者可能被从众心理驱动,放弃自己的私人信息而产生羊群行为。从理论上看,管理者羊群行为的产生可能来源于两类原因:一是由于信息层叠问题而产生羊群行为,二是由于声誉问题而产生羊群行为。从实证角度看,虽然迄今还没有关于信息层叠羊群行为的经验证据,但是,管理者对声誉的考虑会导致羊群行为已经在西方金融市场上找到了确凿的证据。

那么,在类似中国这样的发展中国家的新兴市场上,是否会产生羊群行为呢? Bikhchandani 和 Sharma(2001)指出:"羊群行为在新兴市场的研究需要更多的努力,可以找到更大的羊群行为倾向。在这些地方,由于对财务报告的要求较弱,会计标准较低,市场环境更加不透明,规则执行的力度较松,而且信息获得成本较高,由于信息层叠以及考虑声誉所导致的羊群行为更可能发生。同时,因为信息更可能泄露以及吸收缓慢,可能带来的潜在收益将更大。"

股利政策是行为公司财务学向传统财务学渗透的一个新兴的研究领域。虽然迄今为止还没有文献直接涉及管理者羊群行为对股利政策的影响,但现存的针对管理者羊群行为的大量研究为研究行为股利政策提出了可供参考和借鉴的方法及思路。管理者制定股利政策是否出现羊群行为? 本书随后将对此进行分析和检验。

第五章 股利羊群行为与股利 "群聚"现象

根据行为股利政策文献回顾和我国股利支付现状分析结果,笔者将我国上市公司股利"群聚"现象的解释和检验分为股利羊群行为和股利迎合理论两个方面展开。本章从管理者羊群行为出发,解释上市公司股利"群聚"现象。

第一节 研究目的与研究假设

一、研究目的

传统的股利政策理论中,股利常常被当作工具,管理者或者在满足投资项目后把剩余现金以股利的形式还给股东,或者通过稳步增加股利来向投资者传递未来业绩良好的预期,或者经由支付股利来减少代理成本、缓解代理问题。然而我国上市公司股利"群聚"现象的出现颠覆了上述理论的解释——不论企业过去盈利如何、未来前景怎样,也不论企业是否存在代理问题,大多数企业都选择相似的股利支付水平。这是为什么呢? 仅从传统股利政策出发,无论是代理理论、追随者效应理论,还是股利信号理论,都无法对这种现金股利群聚现象作出很好的解释。

在行为学的研究中,对于群体中不同个体间相似行为最直接的解释就是羊群行为理论。经济和管理领域的研究同样发现,管理者在很多决策活动中也存在羊群行为。从逻辑上看,"群聚"现象未必一定是由于羊群行为的存在,然而只要羊群行为存在,就必定会出现群聚现象。因此,只需证明股利羊群行为的存在性,股利羊群行为就可以成为股利群聚现象的一个合理解释。那么,我国上市公司管理者是否存在股利羊群行为? 如果存在,又是什么原因导致股利羊群行为产生的呢? 这就是本章的研究目的。

二、研究假设

对管理者羊群行为的文献回顾表明,管理决策甚至比一般决策更容易产生羊群行为。Hirshleifer 和 Teoh(2003)指出,"在流行的压力下,管理者在管理方法、投资选择和财务报告方式中都很容易愚蠢地随大流"[①]。那么,为什么说我国上市公司的管理者在股利决策上很可能也存在管理者羊群行为呢? 原因有以下三个方面:

第一,社会心理学认为,羊群行为发生的可能性和程度受到许多因素的影响,其中最为重要的因素是社会文化差异和任务难易程度。社会文化差异主要是指个体主义文化和集体主义文化的差异,而羊群行为在集体主义文化之下更容易出现(Bond 和 Smith,1996)。与欧美社会对个体、个性的重视不同,诸如非洲、亚洲和拉美的集体主义文化社会强调与社会群体保持联系,父母从小培养孩子服从、适当的行为、尊敬集体传统等(Berry、Poortinga、Segall 和 Dasen,1992)。而我国正是属于典型的集体主义文化。除此之外,儒家文化几千年来在我国文化和思想领域中一直占据着主导地位,人们往往以"中庸之道"作为思想和行为的准则。中国人的集体主义文化和"中庸主义"思维传统为羊群行为提供了土壤。

第二,社会心理学认为任务越困难、情境越模糊,羊群行为越容

[①] Hirshleifer, D. and Teoh, S. H., Herd Behavior and Cascading in Capital Markets: a Review and Syntheses, *European Financial Management*, 9, 2003, p. 53.

易发生。这可以从两个角度来解释为何股利政策可能发生羊群行为。首先,我国资本市场是发展中的新兴市场,我国上市公司的成长和证券市场的发展一样,在短短十几年间经历了发达国家需要几十年甚至更长时间才经历过的变迁。上市公司的快速发展没有现成经验可以借鉴。Bikhchandani 和 Sharma(2001)指出:"羊群行为在新兴市场的研究需要更多的努力,可以找到更大的羊群行为倾向。在这些地方,由于对财务报告的要求较弱,会计标准较低,市场环境更加不透明,规则执行的力度较松,而且信息获得成本较高,由于信息层叠以及考虑声誉所导致的羊群行为更可能发生。同时,因为信息更可能泄露以及吸收缓慢,可能带来的潜在收益将更大。"[①]其次,虽然股利政策研究由来已久,但实际上并没有一个理论可以明确地用于指导实践。换句话说,管理者对是否存在最优的股利政策、如何找到最优股利政策并没有明确的答案,市场对此也没有适当的评价标准。而中国影响上市公司股利支付的因素相比西方国家又更为复杂,寻找最优股利政策的困难使羊群行为存在的可能性也更大。

　　第三,Bikhchandani 和 Sharma(2001)曾说过:"如何才能从实证上区分……羊群行为呢? 看看这些羊群行为理论的假设是否被满足,是检验上述问题的一种方法。""为了检验羊群行为,人们需要寻找一群参与者,他们积极交易而且行为类似。如果这样的群体足够一致(每个成员面临一个类似的决策问题),并且每个成员能够观察到群体中其他成员的交易,则更可能产生羊群行为。"[②]无论什么公司,在股利决策方面管理者要考虑的问题无非两类:是否支付股利和

　　① Bikhchandani,S.,和 Sharma,S.,Herd Behavior in Financial Markets, Working Paper,IMF (International Monetary Fund) Staff Papers,47,2001,p. 282.

　　② Bikhchandani,S.,和 Sharma,S.,Herd Behavior in Financial Markets, Working Paper,IMF (International Monetary Fund) Staff Papers,47,2001,p. 282.

支付多少股利。而且,股利决策也是法律规定上市公司必须及时、准确地进行公告的重要内容,管理者在决定本公司的股利政策之前可以观察到之前所有公司的支付时间和支付方案,因此,我们可以把股利政策的制定当作管理者的序贯决策进行研究,考察制定过程中是否发生了羊群行为。

那么,为什么说声誉的考虑可能是我国上市公司股利羊群行为背后的动因呢?这与我国上市公司和证券市场的特点有关,主要体现在三个方面:第一,作为世界上发展最快的新兴大国之一,我国的证券市场距离西方传统财务理论所讨论的有效市场差距甚大,证券市场存在严重的信息不对称,股利的不稳定性造成了股利信号作用失效,投资者对什么公司是好公司缺乏良好的判断标准。第二,非流通股和流通股的分割使管理者面临复杂、两难的股利决策。上市公司大股东和中小股东在股利支付上存在尖锐的利益分歧,以非流通股为主的大股东偏好现金股利,而以流通股为主的中小股东对现金股利则反应不佳。管理者既受到大股东现金偏好的影响,又面临市场压力,如何在大股东和中小股东之间寻求平衡,如何找到一个彼此均能接受的股利政策显得非常困难,此时随大流、跟随行业标准则成为比较安全稳妥的选择。第三,投资者法律保护制度不够完善,管理者在公司长远利益和眼前利益、个人利益的权衡问题上难以理性思考。同时,羊群行为有正的外部性,公司声誉的提高能够为管理者个人赢得名誉、薪酬和职业生涯的良好发展机会。为了成为投资者眼中的好公司(或者避免显得像一个坏公司),管理者有动机放弃自己的决策,模仿声誉好的公司的股利行为(或者采用与大多数公司类似的股利支付)。总之,模仿声誉好的公司有助于树立一个好公司的形象,而模仿大众行为则有助于在大股东需求和市场反应的矛盾选择中找到平衡。

基于以上分析,笔者借鉴 Patel、Zeckhauser 和 Hendricks (1991)关于公司负债决策的羊群行为检验的研究思路,从管理者追随行业领先者股利支付水平和市场普遍股利支付水平两方面着手来考察管理者是否存在股利羊群行为。笔者的研究假设如下：

H1a：上市公司的股利支付水平存在模仿行业领先公司的羊群行为，公司当期股利支付水平与上一期行业领先公司的平均水平正相关。

H1b：上市公司的股利支付水平存在模仿市场普遍支付水平的羊群行为，公司当期股利支付水平与上一期行业内所有公司平均股利水平正相关。

H2a：上市公司是否支付股利的决策存在模仿市场普遍水平的羊群行为，公司当期支付股利的概率与上一期支付股利的公司占所有公司的比例正相关。

H2b：上市公司是否支付股利的决策受到行业领先者或者市场普遍股利水平的影响，公司当期支付股利的概率与上一期行业领先者或者市场上所有上市公司的平均股利支付水平正相关。

但是，仅仅证明羊群行为存在对于揭示股利"群聚"现象的真正原因是不够的，还需要进一步深究管理者羊群行为的动因。笔者借鉴 Graham(1999)对分析师声誉的衡量方法，以及 Hong、Kubik 和 Solomon(2000)对分析师偏离一致估计的衡量方法，从声誉模型角度考察管理者羊群行为的动因。据此笔者提出假设 H3 如下：

H3：公司的声誉是导致羊群行为发生的重要原因，声誉越高的公司股利羊群行为越不容易发生。

第二节　样本选择与变量定义

一、样本选择

本书的样本来自北京聚源锐思数据科技有限公司开发的锐思金融研究数据库（RESSET/DB），缺失数据用上海万得咨询科技有限

公司的 WIND 资讯库加以补充。样本剔除的具体过程如下：以 1994
年至 2006 年间深圳证券交易所和上海证券交易所的所有上市公司
的年度数据为起点，依次剔除中小企业板上市公司样本、数据不全的
公司样本、金融类公司样本、同时发行 A 股和 H 股的公司样本、上
市不满 1 年的公司样本。最后，因为如果当年本行业仅有 1 家上市
公司，不存在行业领导者和追随者，也就无所谓羊群行为，笔者也剔
除了这部分的样本。剩余样本数 7 402 家/次，样本期间为 1995 年
至 2006 年。样本选择和剔除的过程如表 5-1 所示。

表 5-1　检验羊群行为时的样本剔除过程

步　骤	公司数	备　注
所有公司	12 636	样本期间为 1994 年至 2006 年，深沪两市上市公司合计数。
剔除：中小企业板上市公司的样本	190	全部为深市上市公司。
数据缺失的样本	3 137	
金融类公司样本	40	
同时发行 H 股的公司样本	249	
上市不满 1 年的公司样本	889	
当年本行业仅有 1 家公司的样本	729	1994 年的样本全部被剔除了。
样本总数	7 402	样本期间为 1995 年至 2006 年。

　　羊群行为检验的样本就是按照表 5-1 的方法选择出来的样本。
在进行声誉理论检验时，由于声誉指标的样本期间仅为 2001 年至
2006 年，所以直接从上述样本中取出 2001 年至 2006 年的 5 295 个
样本作为声誉理论检验样本。

二、变量定义

对羊群行为的测度，实证研究中主要存在两种方法。第一种方法是直接设计具体的羊群行为指标，对羊群行为加以测度（下文称为直接法）。这些羊群行为指标又按照研究对象的不同分为如下三类：第一类是对共同基金羊群买卖羊群行为的衡量，例如 Lakonishok、Shleifer 和 Vishny(1992)，Grinblatt、Titman 和 Wermers(1995)，以及 Wermers(1999)等学者提出的，以共同基金群体对某一股票的买卖家数为基础设计出的一系列指标。由于它们必须以机构投资者的买入和卖出数据作为计算基础，所以难以在股利研究政策领域得到应用。第二类羊群行为指标是对证券分析师羊群行为的衡量，例如 Bemhardt、Campello 和 Kutsoati(2006)提出的 S 指标。但因为 S 指标的计算涉及用实际盈利来判断证券分析师的预测正确与否，而什么是"正确的"股利政策却难以有一个绝对标准，也无法观察，所以这类指标也不适合用于股利政策羊群行为测度。第三类羊群行为指标是对整个证券市场投资者羊群行为的衡量指标，主要包括 Christie 和 Huang(1995)提出的收益率分散度（即收益率的标准差）测度，Chang、Cheng 和 Khorana(2000)提出的收益率绝对离差测度，Huang 和 Salmon(2001)建立的敏感性因子分散度的测度，它们可以用来衡量整个市场投资者羊群行为的指标，但这些指标需要较长的时间序列和较多的样本，我国的股利数据达不到这样的要求，难以适用这些测度。

对羊群行为测度的第二种方法并不采用单个指标直接测度，而是通过建立实证模型来检验（下文称为间接法）。例如，Stickel(1990)采用一个最小二乘回归模型，检验分析师预测的修正与其他分析师平均意见的相关关系；Welch(2000)建立了基于隐性马尔科夫链的实证模型，构造统计量来检验分析师羊群行为；Brown、Gordon 和 Wermers(2006)则采用了久期模型(duration model)；Patel、

Zeckhauser 和 Hendricks(1991)直接采用直线回归模型,检验滞后的行业平均负债率对公司当期负债率的回归系数,从而证明羊群行为的存在。

笔者对羊群行为的研究分别采用了直接法和间接法。

在检测公司股利支付是否存在羊群行为时,采用间接法:首先,构建行业领先者指标 $Lead_{it}$ 和市场普遍指标 $Herd_{it}$,分别用来反映第 $t-1$ 年 i 行业领先公司和市场普遍采取的股利支付水平,以此作为"羊群"可能追随的方向,以检验上市公司股利支付是否受行业领先者行为和市场普遍水平的影响。如果公司的股利支付水平与领先者平均股利支付水平或者市场普遍股利支付水平正相关,则股利羊群行为存在。行业领先者指标 $Lead_{it}$ 为上一年行业内公司规模最大的前 10% 公司的股利支付的平均值,而市场普遍指标 $Herd_{it}$ 则是上一年行业内所有公司股利支付的平均值。

其次,又构建了是否支付股利决策羊群指标 $Payer\_persentage_{it}$ 来反映第 $t-1$ 年行业中大多数管理者是否支付股利,它等于前一年行业中支付股利的公司占行业所有公司的比例。也就是说,$Payer\_persentage_{it}$ 表示整个行业"是否支付"这一群体特征,以作为"羊群"在决定是否支付股利时可能追随的方向。

在考察羊群行为是否与公司声誉有关时,笔者采用直接法。Stickel(1990)曾经用分析师预测与其他分析师的平均预测之差来衡量其偏离羊群的大小;Christie 和 Huang(1995),Chang、Cheng 和 Khorana(2000)也都认为对市场平均收益的分散度可以测度证券市场的羊群行为。不过前者提出可以用收益率的截面标准差来衡量投资者对市场的羊群行为,而后者认为更有效的测度方法是绝对离差。此外,Hong、Kubik 和 Solomon(2000)也采用分析师偏离其他分析师平均意见的绝对离差来作为羊群行为大小的替代变量。据此,笔者采用绝对离差来衡量公司股利羊群行为,计算方法如下:

$$ABD\_lead_{it} = |Dividend_{it} - Lead_t| \tag{5-1}$$

$$ABD\_herd_{it} = | Dividend_{it} - Herd_t | \qquad (5\text{-}2)$$

其中：ABD_lead_{it}表示i公司对上一年行业领先者的股利选择的偏移程度，ABD_lead_{it}越大，朝向行业领先者的羊群行为程度越轻；ABD_herd_{it}表示i公司对上一年市场普遍股利水平的偏移程度，ABD_herd_{it}越大，朝向市场普遍水平的羊群行为程度就越轻；$Lead_t$表示上一年行业内领先者股利支付平均值；$Herd_{it}$表示上一年行业内所有公司股利支付的平均值；$Dividend_{it}$表示i公司在第t年的股利支付，可以用每股税后股利或者股利支付率来计算。

1. 公司声誉指标的定义

对公司声誉的衡量可以借鉴西方学者对分析师声誉的衡量方法。Graham(1999)采用两种方法衡量分析师声誉：一种方法是用哑变量来表示，即如果投资通讯在 1980 年 6 月之前被选入《休伯特金融摘要》，设为 1，表示投资通讯具有很高的声誉；反之，如果在 1980 年 6 月之后才被选入《休伯特金融摘要》，设为 0，表示声誉较低。另一种方法是赋予那些被选入《休伯特金融摘要》的投资通讯 0.65 作为初始值；反之，赋予其他投资通讯 0.35 作为初始值，然后再分别进行调整。Hong、Kubik 和 Solomon(2000)在对证券分析师声誉进行衡量时引入了分析师"职业生涯考虑"，他们直接采用分析师从业是否超过 3 年作为哑变量，衡量声誉和职业生涯。

借鉴上述文献的方法和思路，笔者构建了两种衡量声誉的方法：第一种方法取材自《财富》杂志公布的上市公司排行榜。从 2001 年起，美国时代报业集团旗下的《财富》(中文版)杂志每年公布一次中国上市公司 100 强名单，到 2006 年为止已经公布了 6 期。我们改进 Graham(1999)构造声誉哑变量的方法，如果公司当年榜上有名则当年的声誉指标 $Fortune_{it}$ 等于 1；反之，$Fortune_{it}$ 等于 0。

为了避免受到特定排行榜的影响，笔者综合多个著名排行榜的排名依据，设计衡量声誉的第二种方法。第二种方法直接取材自公司的收入和利润两个财务指标。笔者搜索上市公司各类排行榜时发现,市值增长、收入和利润是各大排行榜最常依据的指标①,但市值增长因其容易操纵和炒作而受到多方诟病,笔者没有采用,而是仅取收入和利润两个指标。把上市公司按照收入和利润分别排序,如果一家上市公司的收入或利润其中任意一项排名在 100 名以内,该公司的声誉设为高($Reputation_{it} = 1$),否则该公司声誉设为低($Reputation_{it} = 0$)。

2. 股利支付指标的定义

笔者从是否支付股利和股利支付水平两个方面来考察公司股利羊群行为,因此股利支付变量也从这两个角度来描述公司的股利政策。

$Payers_{it}$ 是表示 i 公司第 t 年是否支付股利的指标,$Payers_{it}$ 等于 0 表示公司不支付股利,等于 1 表示支付股利;②$Lastpayers_{it}$ 表示 i 公司第 $t-1$ 年是否支付现金股利,$Lastpayers_{it}$ 等于 0 表示不支付现金股利,等于 1 表示支付了现金股利。

以下是衡量公司股利支付水平的指标:DPS_{it} 表示公司税后每股现金股利,$Payout\_ratio_{it}$ 表示公司的股利支付率,由现金股利支

---

① 目前比较有代表性的著名排行榜按照排名依据主要有三类:排名依据是市值或者市值增长率的,如胡润富豪榜的"最有投资价值的 100 家上市公司"、《商业周刊》(Businessweek);排名依据是总收入的,如中国证券网的"上证风云榜"、《财富》杂志的"中国上市公司 100 强";排名依据是利润总额的,如中国企业改革与发展研究会、华顿综合经济研究所、《经济时刊》杂志社联合评选的"上市公司 100 强"。

② 由于我国法律规定,投资者的股票股利要征收所得税,这笔钱由公司支付时代缴,因此许多仅支付股票股利的公司为了避免麻烦,一般同时也公告少量现金股利,金额约等于股票股利应交的所得税。这部分现金股利不发到投资者手中,而是直接作为税金上缴国家。这类情况不能被视为支付现金股利。本书做了如下处理:对于同时支付现金股利和股票股利的公司,如果其税后每股现金股利小于 0.01 元,则不被视为支付了现金股利的公司,其股利支付率设为 0。

付额除以当期净利润得到。

3. 控制变量的定义

公司的股利政策可能同时受到其他因素的影响。本章在研究股利羊群行为时控制了公司特征控制变量,其中包括公司前一期股利支付、公司规模、投资机会、盈利能力和负债水平,变量定义如下:

$Lastpayer\_DPS$ 表示公司上一期支付的税后每股股利;

$Last\_payout\_ratio$ 是公司上一期的股利支付率;

$Size_{it}$ 是公司在深圳证券交易所的市场资本化率,表示公司规模;

V_{it}/B_{it} 是公司的市值面值比,表示投资机会;

E_{it}/A_{it} 是公司的息税前总资产收益率,表示盈利能力;

$Leverage_{it}$ 是公司的资产负债率,表示负债水平。

此外,考虑到各年度宏观因素和行业因素对股利支付的影响,我们还加入了年份哑变量和行业哑变量,其中行业是按照证监会一级行业来划分的。

4. 主要变量的符号、定义和计算方法汇总

本章的研究涉及较多的变量,表 5-2 是对本章所使用的研究变量及其标记符号和具体定义的概括。

表 5-2 主要变量符号、定义及计算方法

变量符号	定义及计算
DPS	税后每股现金股利
$Payout\_ratio$	股利支付率,等于股利除以当期净利润
$Lead\_DPS$	上一年行业领先者的税后每股现金股利指标,等于规模在行业前 10%的公司的税后每股现金股利均值
$Lead\_payoutratio$	上一年行业领先者的股利支付率,等于规模在行业前 10%的公司的股利支付率均值
$Herd\_DPS$	上一年税后每股现金股利的市场普遍指标,等于行业内所有公司的税后每股现金股利均值

续表

变量符号	定义及计算
Herd_payoutratio	上一年股利支付率市场普遍指标,等于行业内所有公司的股利支付率均值
Payer_persentage	上一年行业中支付股利的公司占行业所有公司的比例
ABD_lead_DPS	模仿行业领先者的每股现金股利羊群指标,用公司与上一年行业领先者平均税后每股股利的绝对离差表示
ABD_lead_ratio	模仿行业领先者的股利支付率羊群指标,用公司与上一年行业领先者平均股利支付率的绝对离差表示
ABD_herd_DPS	模仿市场普遍水平的每股现金股利羊群指标,用公司税后股利与上一年行业内所有公司平均税后股利的绝对离差表示
ABD_herd_ratio	模仿市场普遍水平的股利支付率羊群指标,用公司股利支付率与上一年行业内所有公司平均股利支付率的绝对离差表示
Fortune	表示公司的声誉。若公司在《财富》杂志当年评选的"中国上市公司100强"的名单中,等于1,否则等于0
Reputation	表示公司的声誉。若公司的收入或者利润其中任何一项在全体公司名列前100位以内,等于1,否则等于0
Lastpayer_DPS_A	公司上一期支付的税后每股股利
Last_payout_ratio	公司上一期的股利支付率
SIZE	公司规模,以公司总资产排名的百分位数排名表示
E/A	公司盈利水平,以公司当年盈利除以期初总资产计算
V/A	公司的投资机会,等于公司的市值除以公司总资产的账面价值
Leverage	公司负债水平,以总负债占总资产的比重表示

第三节　检验过程与结果分析

一、描述性统计

表 5-3 和表 5-4 分别列出羊群行为检验和声誉理论检验的两组样本的描述性统计结果。由表 5-3 可知,从 1995 年到 2006 年,我国上市公司的税后每股股利和股利支付率分别为 0.055 元和 0.215,低于上一年行业领先者平均水平 0.140 元和 0.434,也低于上一年大众水平 0.126 元和 0.473。行业领先者的每股指标高于市场普遍的每股指标,领先者的股利支付率却低于市场普遍的股利支付率。表 5-4 也描述了类似的情况。

表 5-3　羊群行为检验样本的描述性统计

变　量	均值	中位数	标准偏差	最小值	最大值
DPS	0.055	0.000	0.094	0.000	2.600
Payout_ratio	0.215	0.000	0.409	0.000	13.658
Lead_DPS	0.140	0.136	0.067	0.004	0.405
Lead_payoutratio	0.434	0.415	0.198	0.031	1.090
Herd_DPS	0.126	0.117	0.045	0.010	0.404
Herd_payoutratio	0.473	0.461	0.120	0.031	1.037
SIZE	0.503	0.504	0.289	0.001	1.000
V_t/A_t	2.089	1.687	1.386	-0.615	18.338
E_t/A_t	0.029	0.044	0.144	-3.633	0.729
Leverage	0.509	0.490	0.327	0.018	9.737

表 5-4　声誉理论检验样本的描述性统计

变　量	均值	中位数	标准偏差	最小值	最大值
ABD_herd_DPS	0.089	0.093	0.065	0	2.333
ABD_lead_DPS	0.103	0.096	0.074	0	2.195
ABD_herd_ratio	0.348	0.363	0.341	0	13.181
ABD_lead_ratio	0.339	0.303	0.358	0	.12.568
SIZE	0.501	0.501	0.288	0.001	1.000
Vt/At	1.742	1.417	1.088	-0.615	17.755
Et/At	0.020	0.038	0.165	-3.633	0.729
Leverage	0.535	0.515	0.365	0.018	9.737

二、羊群行为存在性检验

为了考察羊群行为是否存在,笔者从两个方面进行研究:一是管理者在股利支付水平上是否出现羊群行为;二是管理者作出是否支付股利的决策时,是否出现羊群行为。笔者首先利用 1995 年至 2006 年上市公司的样本,采用回归分析方法,在控制股利支付水平的其他影响因素的基础上,考察样本期间行业领先者股利水平、市场普遍股利支付水平对单家公司股利支付水平的影响。

首先,管理者在股利支付水平上是否出现羊群行为呢? 表 5-5 提供了多元线性回归的结果。

表 5-5 关于股利支付水平羊群行为的回归结果

符号	因变量:股利支付水平			
	每股税后股利		股利支付率	
	回归1	回归2	回归3	回归4
常数 ?	0.005 (0.41)	0.02 (0.23)	0.001 (−0.35)	0.14*** (3.9)
Lead_DPS +	0.03** (1.91)			
Lead_payout_ ratio +			0.02 (0.64)	
Herd_DPS +		0.08*** (2.73)		
Herd_payout_ ratio +				0.03 (0.75)
Lastpayer_DPS +	0.34*** (29.34)	0.34*** (29.31)		
Last_payout_ ratio +			0.13*** (10.36)	0.13*** (10.3)
$SIZE_t$ +	0.07*** (17.25)	0.07*** (17.22)	0.15*** (7.97)	0.15*** (7.96)
V_t/A_t −	0.01*** (10.03)	0.01*** (10)	0.01*** (2.6)	0.01*** (2.6)
E_t/A_t +	0.05*** (6.61)	0.05*** (6.68)	0.01 (0.31)	0.01 (0.34)

续表

	符号	因变量:股利支付水平			
		每股税后股利		股利支付率	
		回归 1	回归 2	回归 3	回归 4
$leverage_t$	—	−0.02***	−0.02***	−0.15***	−0.15***
		(−5.95)	(−5.92)	(−8.45)	(−8.45)
Adj. R²		22.90%	22.94%	6.24%	6.24%
F 值		76.77***	76.94***	17.98***	17.98***

注:括号中的数字为 t 值。*** 表示在 1%的水平下显著,** 表示在 5%的水平下显著。回归控制变量中包含年份和行业哑变量,受篇幅所限不加以报告。

表 5-5 的结果表明,回归 1 和回归 2 中,在控制其他因素之后,每股税后股利与行业领先者指标显著正相关,与市场普遍每股税后股利也显著正相关,这说明管理者决定股利支付水平时,模仿行业领先者和跟随市场普遍水平这两类羊群行为都存在,研究假设 H1a 和 H1b 成立。但是,回归 3 和回归 4 中股利支付率与行业领先者股利支付率和市场普遍支付率之间的关系都不显著,这说明管理者在模仿股利行为的时候注重每股指标,而不太重视股利支付率指标。

其次,管理者在决定是否支付股利时是否存在羊群行为呢? 表 5-6 提供了有关 logic 回归的结果。从表 5-6 可以看出,公司是否支付股利的决策与上年度支付股利的公司所占比重的 $payer\_persentage$ 无显著关系,可见公司并不会因为大多数人支付股利而选择支付股利。另外,公司是否支付股利的决策与上一年行业领先者和市场普遍股利支付水平的 logic 回归结果(回归 3 至回归 6)表明,是否支付股利与行业领先者和市场普遍每股税后现金股利行为无显著关系,与市场普遍股利支付率也没有显著的关系,仅与行业领先者的股利支付率指标的相关性比较显著。因此,笔者认为管理者是否支付股利的决策不存在羊群行为,或者羊群行为不太明显,假设 H2a 和 H2b 不成立。

表 5-6　关于是否支付羊群行为的回归结果

	符号	因变量:是否支付现金股利					
		回归 1	回归 2	回归 3	回归 4	回归 5	回归 6
常数		1.19*** (18.83)	1.29*** (22.31)	0.74*** (12.14)	0.72*** (11.69)	0.69*** (8.48)	0.95*** (15.05)
$Payer\_persentage$	+	−0.74 (2.51)	−0.75 (2.62)				
$Lead\_DPS$	+			0.4 (0.54)			
$Lead\_payout\_ratio$	+				0.34*** (4.55)		
$Herd\_DPS$	+					0.75 (0.62)	
$Herd\_payout\_ratio$	+						−0.13 (0.2)
$Lastpayer\_DPS$	+	−6.26*** (162.5)		−6.23*** (168.07)		−6.23*** (168.26)	
$Last\_payout\_ratio$	+		−1.26*** (132.76)		−1.25*** (133.36)		−1.25*** (132.81)
$SIZE_t$	+	−1.57*** (137.13)	−1.71*** (165)	−1.64*** (166.94)	−1.76*** (195.23)	−1.64*** (167.18)	−1.77*** (196.19)
V_t/A_t	−	0.16*** (19.24)	0.17*** (19.86)	0.16*** (21.35)	0.17*** (22.81)	0.16*** (21.24)	0.16*** (21.94)
E_t/A_t	+	−26.32*** (497.79)	−28.48*** (564.59)	−24.34*** (510.9)	−26.22*** (576.37)	−24.33*** (511.02)	−26.16*** (573.92)
$leverage_t$	−	3.38*** (252.08)	3.42*** (256.84)	3.27*** (261.44)	3.3*** (266.76)	3.28*** (262.48)	3.31*** (267.35)
Max-rescaled R^2		44.99%	44.50%	44.39%	43.92%	44%	44%
Wald 检验		1310.63***	1306.58***	1473.86***	1471.24***	1473.82***	1470.31***

注:系数对应的 X^2 值表示对该系数是否为 0 的 Wald 检验的卡方分布统计量。*** 表示在 1% 的水平下显著。回归中加入了年份哑变量和行业哑变量作为控制变量,由于篇幅有限在此不作报告。

三、羊群行为动因检验

为了进一步考察究竟是什么因素使管理者选择模仿和追随别人的股利决策，以下尝试对声誉模型进行检验。表 5-7 显示了按照声誉高低分组的组间股利支付水平均值检验。第一部分按照是否在《财富》杂志"中国上市公司 100 强"上榜分组（Fortune＝1 或 0），第二部分按照以收入和利润衡量的声誉水平高低来分组（Reputation＝1 或 0）。检验结果显示，朝向市场普遍水平的羊群指标 ABD_herd_DPS，无论按照 Fortune 分组或按照 Reputation 分组，声誉高的组均值都显著高于声誉低的组。朝向行业领先者的羊群指标 ABD_lead_DPS，按照 Reputation 分组时声誉高的组均值也显著高于声誉低的组。虽然按照 Fortune 分组时声誉高的组均值略低于声誉低的组，但是二者数值上接近，t 检验不能拒绝两组均值相等的假设。总体上看，声誉高的组的股利支付水平羊群指标显著地高于声誉低的组。这说明声誉高的组其股利水平离散程度高于声誉低的组，也就是说，声誉越高的公司股利支付水平集中程度越低，也就越不可能出现羊群行为。

为了验证公司声誉对管理者股利羊群行为的影响，以下进一步构造多元线性回归模型，其中，解释变量为上市公司的声誉，被解释变量分别为股利支付水平对市场普遍指标和行业领先者指标的羊群行为测度。表 5-8 列示了多元线性回归的结果。数据显示，公司声誉越高（Fortune＝1 或 Reputation＝1），朝向市场普遍水平和朝向行业领先者股利支付水平的羊群行为测度（用绝对离差衡量）的值也越大。也就是说，公司声誉与管理者股利羊群行为呈现显著的相关关系，声誉对股利羊群行为有显著的影响，其中，声誉越好的公司，越不可能出现模仿行业领先者或者模仿行业平均水平的股利羊群行为。

表 5-7　不同声誉组间股利支付水平的均值检验

Part Ⅰ 按照 Fortune 分组

羊群行为测度	声誉分组		均值检验	
	高(Fortune＝1)	低(Fortune＝0)	差异	t 值
ABD_herd_DPS	0.106	0.089	−0.018***	−3.690
ABD_lead_DPS	0.096	0.104	0.007	1.320

Part Ⅱ 按照 Reputation 分组

羊群行为测度	声誉分组		均值检验	
	高(Reputation＝1)	低(Reputation＝0)	差异	t 值
ABD_herd_DPS	0.120	0.100	−0.020***	−7.020
ABD_lead_DPS	0.124	0.113	−0.011***	−3.440

注：*** 表示在 1% 的水平下显著。

综上所述，本章的研究证明了以下三点结论：首先，我国上市公司的股利支付水平的确存在显著的羊群行为，管理者的股利决策很大程度上参考的是行业领先者和行业平均支付水平；其次，羊群行为只针对一些特定的指标而产生，管理者注意他人的每股股利指标，不太注意股利支付率指标，而且在是否支付股利的决策上，管理者的羊群行为不存在或不太明显；最后，进一步的研究表明，声誉是影响羊群行为的重要因素，声誉越好的公司，越不可能出现羊群行为。

上述对股利羊群行为的论证过程也是用管理者羊群行为理论对我国上市公司股利"群聚"现象进行解释的过程。因为我国上市公司的管理者存在显著的股利羊群行为，而股利羊群行为的外在表现就是公司股利支付水平呈现集中和趋同，这就产生了股利的"群聚"现象。而且，上述研究结果表明，公司声誉与股利羊群行为高度正相关，换句话说，管理者是出于对声誉的关注，才将本公司的股利支付水平与行业领先者和行业水平相挂钩的，声誉越低，其羊群行为的程度越高，这是"群聚"现象背后真正的动因。

表 5-8　关于声誉模型的检验结果

	符号	因变量:羊群指标			
		ABD_lead_DPS		ABD_herd_DPS	
		回归 1	回归 2	回归 3	回归 4
常数	?	0.151***	0.146***	0.114***	0.122***
		(26.11)	(27.39)	(22.56)	(26.09)
Fortune	+	0.004		0.023***	
		(−0.67)		(4.61)	
Reputation	+		0.011***		0.017***
			(3.36)		(5.85)
SIZE	+	−0.016***	−0.021***	−0.006*	−0.013***
		(−4.01)	(−5.54)	(−1.7)	(−3.75)
Et/At	+	0.002	0.001	0.003***	0.001*
		(1.4)	(0.21)	(2.99)	(1.63)
Vt/At	−	0.011	0.009	0.002	−0.002
		(1.49)	(1.19)	(0.37)	(−0.32)
Leverage	−	0.011***	0.015***	0.008***	0.013***
		(3.35)	(4.67)	(2.75)	(4.5)
DW		1.957	1.965	1.968	1.917
R−Sq		0.084	0.187	0.073	0.184
F		23.04***	61.77***	19.86***	60.67***

注:括号中的数字为 t 值。*** 表示在 1% 的水平下显著,* 表示在 10% 的水平下显著。回归控制变量中包含年份和行业哑变量,受篇幅所限不加以报告。

管理者羊群行为理论之所以能够解释我国上市公司的股利"群聚"现象,是因为它与之前的传统股利理论存在两大差异。一方面,之前的传统股利理论从股利的需求方出发（如追随者效应理论、股利信号理论），而忽视了管理者作为股利提供方，忽视其供给行为背后的主观能动性及其形成原因。管理者羊群行为理论则从股利提供方出发去考察股利供给行为，指出管理者对行业地位的关注、对公司声誉的考虑是影响股利支付的重要因素。另一方面，之前的传统股利理论在很大程度上受到"理性人"假说的制约，忽略了行为和社会经济学对管理者行为的影响，使得它们对于股利"群聚"现象束手无策。而管理者羊群行为理论突破了这一制约，预见群体可能对个体产生的巨大影响，指出管理者存在忽略个人信息、追随他人决策的行为。因此，在考虑管理者羊群行为后，我国上市公司的股利"群聚"现象就可以得到解释了。

第六章 股利迎合理论与股利 "群聚"现象

行为股利政策的另一个分支是股利迎合理论。那么,我国上市公司股利的"群聚"现象能否用股利迎合理论来解释? 本章从 Baker 和 Wurgler(2004a)、Li 和 Lie(2005)的股利迎合理论出发,考虑我国大小股东分立、流通股和非流通股割裂的实际情况,考察股利"群聚"现象出现的原因。

第一节 研究目的与研究假设

一、研究目的

Baker 和 Wurgler(2004a)、Li 和 Lie(2005)的股利迎合理论认为,管理者制定股利政策时主动迎合了投资者对股利的不断变化的偏好。那么,Baker 等人提出的股利迎合理论在我国是否适用? 它是否能够解释我国上市公司的股利"群聚"现象呢?

这个问题的关键在于:我国投资者的构成如何? 不同投资者是否存在不同的股利偏好? 我国上市公司管理者是否存在迎合行为? 他们是迎合所有投资者的偏好,还是只迎合某些投资者的偏好? 这种迎合行为是否会导致股利"群聚"现象呢? 这就是本章的研究目的。

我国证券市场属于经济转型时期的新兴市场,上市公司股东构成与西方国家有很大区别。西方国家上市公司股权分散,管理者制定股利政策时所针对的股东只有一种类型。而我国上市公司普遍是由大股东控制的公众公司,股东有流通股和非流通股之分,其中大多数公司的非流通股都占据了控股地位,掌握控制权的非流通大股东与中小股东之间存在利益分歧。管理者在制定股利政策时除了面对公众股东之外,还要面对持有股份大多为非流通的大股东。大股东的意见在其中究竟起到多大的作用? 中小股东的利益有没有受到管理层的重视? 这些问题引人深思。

为了解释我国上市公司的股利"群聚"现象,必须考虑我国大小股东分立、流通股和非流通股割裂的实际情况。由此,本章的研究目标在于寻找下列问题的答案:究竟我国上市公司管理者是否存在迎合股东的股利支付行为? 他们是否迎合所有股东的偏好? 或者他们是否考虑了中小股东(流通股东)的偏好? 是否迎合了大股东(非流通股股东)的偏好? 管理者的这种迎合行为是否会导致股利"群聚"现象?

二、研究假设

股利"群聚"现象产生的原因可以从 Baker 和 Wurgler(2004a)提出的股利迎合理论中得到解释。在某些特定的情形下,无论股东持有什么股票,公司的特征有多大的差异,股东们对股利的偏好可能非常一致,如果管理者在制定股利政策的时候主动迎合了股东的偏好,就可能出现股利"群聚"现象。Fama 和 French(2001)就曾发现即使控制了公司特征,公司支付的股利仍然"消失了"。其实股利的"消失"现象,正是"群聚"现象的一个特例,此时投资者偏好一致地趋向于不支付。这种现象在 Baker 和 Wurgler(2004a)看来,正是由于管理者迎合了股东对股利不再偏好的心理,从而在制定股利政策时削减股利以适应股东的需要。

不过,Baker 和 Wurgler 的股利迎合理论的推导过程和他们所进行的两个检验的样本都是基于股权相对分散、中小投资者法律保护较好的美国证券市场,在中国等股权相对集中、中小投资者法律保护又较差的国家里,情况要复杂一些。

首先,我国上市公司的股权高度集中,股权结构被认为分割为流通股和非流通股,流通股只占了其中不大的一部分,非流通股"一股独大"的现象十分严重。据统计,我国上市公司的流通股股东持股数量约占总股数的比率平均为 36%①,流通股股东很难对上市公司的股利决策产生影响。此外,由于非流通股股票不能上市交易,非流通股股东的偏好无法通过市场价格的形式反映出来,所以,我国证券市场上股利溢价实际上只反映了流通股股东的偏好,而不是全体股东的偏好。

其次,非流通股股东因其股票不得上市流通,主要的套现渠道只有通过现金股利,有控股权的非流通股股东具有通过股利套取现金的动机和偏好。LaPorta 等人(2000a)指出,在根本没有法律保护制度的极端情况下,大股东可以随意攫取公司的利润。随着中小投资者法律保护制度的完善,大股东就必须采取更为隐蔽的手法。在中小投资者法律保护制度相当健全的情况下,大股东能够利用的剥削方式主要就是通过股利支付的方法。其表现形式之一是,大股东存在通过影响上市公司股利支付来剥削中小投资者的非理性行为。国内研究文献(原红旗,2001;肖珉,2005)表明,我国上市公司股利政策很大程度上与大股东套取现金和转移资金的企图有关。原红旗(2001)认为,上市公司的控股股东存在通过现金股利从上市公司转移现金的行为。陈信元等(2003)研究结论表明,佛山照明现金股利可能是大股东转移资金的工具,并没有反映流通股股东的利益和愿望。肖珉(2005)针对现金股利的"自由现金流量"假说和"利益输送"假说两种理论观点进行实证检验,她的研究结果显示,我国上市公司发放现金股利不是出于减少冗余现金的需要,而是与大股东套取现金的企图有关。因此,管理者在制定股利政策时,很大程度上迎合了

① 根据"Wind 资讯"数据库提供的数据计算。

大股东对现金股利的偏好和需要。

综上所述,我国上市公司的大股东和中小股东在股利支付问题上存在严重的利益分歧,而大股东的现金偏好十分突出。因此,要证明中国上市公司的支付行为是否符合股利迎合理论,以及这种迎合能否解释股利"群聚"现象,必须证明以下三点:一是上市公司管理者的股利决策与中小股东的需求无关,甚至可能与中小股东的需求完全背道而驰;二是公司管理者的股利决策迎合了大股东的需要,股权越集中,公司越倾向于支付股利;三是大股东的偏好与股利的"群聚"程度高度相关,换句话说,股权越集中,股利支付的群聚程度越高。

基于上述分析,提出假设 H1、H2 和 H3 如下:

H1:上市公司股利政策并不迎合中小股东的偏好。

H2:上市公司的股利政策迎合了大股东的偏好。

假设 H2 又可以分解为下列三个假设:

H2a:股权集中程度越高的公司,越倾向于支付现金股利。

H2b:股权集中程度越高的公司,倾向于支付越多现金股利。

H2c:股权集中度越高的上市公司,其现金股利支付意愿也越强,上市公司的股利支付意愿与大股东的偏好成正相关关系。

H3:大股东的偏好与公司股利"群聚"程度显著相关,即股权集中度越高,股利支付水平的群聚趋势越明显,或者说股利的离散程度越小。

第二节　样本选择与变量定义

一、样本选择

本节的样本数据分别来自色诺芬信息服务有限公司提供的

"CCER 中国证券市场数据库"、深圳国泰安信息技术有限公司提供的"CSMAR"数据库和上海万得资讯科技有限公司提供的"Wind 资讯"数据库。笔者选取 1994 年至 2005 年在沪深交易所主板上市的全部上市公司,从中剔除了数据不完整的公司、ST 或 PT 的公司、净资产为负数的公司、上市时间不满一年的公司(截至 2005 年 12 月),各年的样本公司数如表 6-1 所示。

表 6-1 样本数的年度和市场分布

年　　份	沪市样本公司数	深市样本公司数
1994	86	40
1995	108	73
1996	234	160
1997	314	266
1998	350	290
1999	386	328
2000	459	354
2001	543	376
2002	611	378
2003	674	378
2004	731	427
2005	701	394
总　计	5 197	3 464

二、变量定义

1. 股利溢价 $P^{(D-ND)}$ 的计算

Baker 和 Wurgler(2004a)认为,公司是否支付现金股利依赖于股东的偏好,而股东的偏好可以用股利溢价来衡量。为了检验这个预想,他们构造了 4 种替代变量来衡量股利溢价。[①] 我们选取了其中第一种指标来计算,即发放股利和不发放股利的公司的平均市场账面价值比 M/B 的对数值之差,计算公式如下:

$$P^{(D-ND)} = \left[\lg \overline{\left(\frac{M}{B} \right)} \right]^D - \left[\lg \overline{\left(\frac{M}{B} \right)} \right]^{ND} \tag{6-1}$$

其中,P^{D-ND} 表示"股利溢价",等式的第一项表示支付股利公司的平均市场账面价值比的对数,第二项表示不支付股利公司的平均市场账面价值比的对数。求平均数采用了按公司的市值等权平均(EW)的方法计算。

2.股利支付指标的计算

股利支付变量通过以下两方面指标来衡量:

(1)衡量市场总体股利支付情况的指标

在考察一段时间内市场总体股利支付情况时,笔者参照 Fama

---

① 第二种指标采用公共事业公司中独享现金股利的股票价格的对数与独享股票股利的股票价格的对数之差来替代股利溢价,即 $PCU = \lg P_{CU}^{D} - \lg P_{CU}^{ND}$。笔者认为这种指标设计考察的是支付现金股利相对于支付股票股利的"溢价"。第三种指标采用首次发放现金股利的平均公告效应来表示。首先计算出时间窗口为 $[-1, +1]$ 的累积超常收益率 CAR,然后求出距公告日 5 个交易日以前的 120 天内收益率的标准离差 σ,平均化这些数据,就可以得到"股利溢价"A,即 $A = \left(\dfrac{\overline{CAR}}{\sqrt{3}\sigma} \right)$。虽然这种方法是衡量股利溢价较为直观的方法,但因其数据搜集上的困难,未被采用。第四种指标采用支付股利的公司和不支付股利两类公司的未来收益之差来表示。未来收益之差主要用第 $t+1$ 年两类公司的平均真实收益率的之差 $(r_{Dt+1} - r_{NDt+1})$ 和第 $t+1$ 年到第 $t+3$ 这 3 年这两类公司的累积收益率的之差 $(R_{Dt+3} - R_{NDt+3})$ 两种方式来计量。

和 French(2001)，用"是否支付股利"来构造研究变量，[1]定义：

$$Initiatie_t = \frac{NewPayers_t}{Nonpayers_{t-1} - DelistNonpayers_t} \tag{6-2}$$

$$Continue_t = \frac{OldPayers_t}{Payers_{t-1} - DelistPayers_t} \tag{6-3}$$

$$Omit_t = 1 - Continue_t \tag{6-4}$$

其中：$Initiate_t$表示从 $t-1$ 期未支付股利而第 t 期支付股利的存续公司所占的比重；$Continue_t$表示从 $t-1$ 期支付股利而第 t 期继续支付股利的存续公司所占的比重；$Omit_t$表示第 t 期停止发放股利的存续公司所占的比重。$Payer_{st}$表示第 t 年发放股利的公司数量；$NewPayers_t$表示第 $t-1$ 年未发放股利而第 t 年有发放股利的公司数量；$OldPayers_t$表示第 $t-1$ 年和 t 年都发放股利的公司数量；$NonPayers_t$表示第 t 年没发放股利的公司数量；$DelistPayers_t$表示第 $t-1$ 年有发放股利而第 t 年被摘牌的公司数量。

(2)衡量各个公司股利支付情况的指标

Div_01_{it}表示 i 公司第 t 年是否支付股利，Div_01_{it}等于 0 表示不支付股利，等于 1 表示支付了股利；$DIV\_cash\_01_{it}$表示 i 公司第 t 年是否支付现金股利，$DIV\_cash\_01_{it}$等于 0 表示不支付现金股利，等于 1 表示支付了现金股利。

衡量公司股利支付水平的指标如下：DPS_A_{it}表示公司税前每股现金股利，DPS_B_{it}表示公司税后每股现金股利，$payout\_ratio_{it}$表示公司的股利支付率，由现金股利支付额除以当年净利润得到。

3. 股利支付意愿的计算

Fama 和 French(2001)指出，股利支付意愿(PTP)即实际的支

---

[1]　Fama 和 French(2001)认为，选择用"是否支付股利"来构造变量而不采用股利支付率和股票收益率是因为，股利支付率容易受公司盈余的情况影响，而股票收益率则受到股价波动的左右。只有是否支付股利是一个较为纯粹的财务决策变量。

付股利公司的比例与预期平均股利支付比例之间的差额,用来衡量公司支付股利的倾向,若 PTP 较大,则认为公司支付股利增加或公司更倾向于支付股利;反之,若 PTP 较小,则认为公司更不倾向于支付股利。笔者借鉴了王曼舒、齐寅峰(2005)对 Fama 和 French (2001)方法的改进。PTP 的具体计算方法是:首先,以深交所上市公司的数据,采用 Logic 回归法估计出各年度上市公司的特征与股利支付的关系。① 其次,用估计方程来计算上交所各公司支付股利的可能性 Pr(DivCash01＝1),并求出 Pr(DivCash01＝1)的算术平均值,它表示各个年度预期平均支付股利公司占总数的比例。再次,计算各个年度实际支付股利的公司占总数的比例,其值为实际当年支付股利的公司数除以当年样本总数。最后,用预期平均的支付股利公司所占比例减去实际支付股利的公司所占比例,以二者的差来衡量 PTP_t。

　　为了进一步考察上市公司股利支付的倾向,以下进一步把各个年度的上市公司按照股权集中度的大小分为 10 组,按照上面介绍的方法,分别计算出各组的股利支付意愿 PTP_{it},其中 i 为 1~10 的整数,表示组号,编号越大的组股权就越集中;t 表示年度。

　　4.股权集中度指标的计算

　　股权集中度主要可以通过大股东持股比例来表示,例如:Demsetz 和 Lehn(1985)、Kang 和 Shivdasani(1995)、Demsetz 和 Villalonga(2001)以及 Volpin(2002)。我们主要采用第一大股东持股比

---

① Fama-MacBeth 估计,估计模型为:

$$\Pr(DivCash\,01_{it}=1)=logit\left(\alpha+\beta_1 SZP_{it}+\beta_2\left(\frac{M}{B}\right)_{it}+\beta_3\left(\frac{E}{A}\right)_{it}\right)。$$ 其中:

SZP_{it} 是公司的市场资本化率,表示公司规模;$\left(\frac{M}{B}\right)_{it}$ 是公司的市值面值比,表示投资机会;$\left(\frac{E}{A}\right)_{it}$ 是公司的息税前总资产收益率,表示盈利能力。详见 Fama 和 French(2001)。

例（H1）和前五大股东持股比例的 Herfindahl 指数（HH5）来反映大股东持股比例。另外，考虑到大股东的非流通性质对大股东偏好的直接影响，笔者还直接采用非流通股东所占的股权比例来衡量股权集中度，记作 $Nstrshr_{it}$。

为了使比较的结果更为直观，以下按照股权集中度的大小将样本公司等分为十个组，编号为 $1\sim10$，其中 $DecileH1_{it}$ 和 $Decile\text{-}HH5_{it}$ 分别表示 i 公司第 t 年股权集中度的组号，组号越小表示股权集中度越小，反之股权集中度越大。

5.股利"群聚"指标的计算

本章构建了两类指标来衡量股利"群聚"指标，表示股利集中的程度。第一个指标是是否支付股利决策羊群指标 $Payer\_persentage_{it}$，表示第 $t-1$ 年行业中大多数管理者对是否支付股利的态度，$Payer\_persentage_{it}$ 等于支付股利的公司占行业所有公司的比例。

第二个指标衡量支付水平的股利"群聚"指标，以每个公司股利支付水平偏离平均水平的程度，即绝对离差来表示。计算方法如下：

$$ABD\_lead_{it} = \mid Dividend_{it} - Lead_t \mid \tag{6-5}$$

$$ABD\_herd_{it} = \mid Dividend_{it} - Herd_t \mid \tag{6-6}$$

其中：ABD_lead_{it} 表示 i 公司对上一年行业领先者的股利选择的偏移程度，ABD_lead_{it} 越大，朝向行业领先者的群聚行为程度越轻；ABD_herd_{it} 表示 i 公司对上一年市场普遍股利水平的偏移程度，ABD_herd_{it} 越大，朝向市场普遍水平的群聚程度就越轻；$Lead_t$ 表示上一年行业内领先者股利支付平均值；$Herd_{it}$ 表示上一年行业内所有公司股利支付的平均值；$Dividend_{it}$ 表示 i 公司在第 t 年的股利支付，用每股税后股利计算。

6.控制变量的计算

除了股权集中度之外，公司的股利政策可能同时还要受到公司特征的影响。在对股利支付进行估计时，控制了公司特征变量，其中包括公司规模、投资机会、盈利能力和负债水平。变量定义如下：

$Size_{it}$是公司在深圳证券交易所的市场资本化率,表示公司规模;

V_{it}/B_{it}是公司的市值面值比,表示投资机会;

E_{it}/A_{it}是公司的息税前总资产收益率,表示盈利能力;

$Leverage_{it}$是公司的资产负债率,表示负债水平。

此外,考虑到各年度宏观因素和行业因素对股利支付的影响,本书还加入了年份哑变量和行业哑变量,其中行业是按照证监会一级行业来划分的。

7. 主要变量的符号、定义和计算方法汇总

本章的研究涉及较多的变量,表 6-2 是对本章所使用的研究变量及其标记符号和具体定义的概括。

表 6-2 主要变量符号、定义及计算方法

变量类型	符 号	定义及计算
衡量股利支付情况的变量	$P^{(D-ND)}$	表示股利溢价,等于支付股利和不支付股利公司的平均市场账面价值比的对数值之差。
	$Initiate_t$	表示 $t-1$ 年未支付股利而第 t 年支付股利的存续公司所占比重。
	$Continue_t$	表示从 $t-1$ 年支付股利而第 t 年继续支付股利的存续公司所占的比重。
	$Omit_t$	表示第 t 年停止发放股利的续存公司所占的比重。
	Div_01_{it}	是否支付股利,Div_01_{it} 等于 0 表示不支付股利,等于 1 表示支付了股利。
	$Div\_cash\_01_{it}$	是否支付现金股利,$Div\_cash\_01_{it}$ 等于 0 表示不支付现金股利,等于 1 表示支付了现金股利。
	DPS_A_{it}	表示公司税前每股现金股利。
	DPS_B_{it}	表示公司税后每股现金股利。
	$Payout\_ratio_{it}$	表示股利支付率,等于现金股利支付额除以当年净利润。
	PTP_t	股利支付意愿,等于实际的支付股利公司的比例与预期平均股利支付比例之间的差额。

续表

变量类型	符 号	定义及计算
衡量股权集中度的变量	$H1_{it}$	第一大股东持股比例。
	$Nstrshr_{it}$	非流通股持股比例。
	$DecileH1_{it}$	按照第一大股东持股比例的十分位分组后的组号。
	$DecileHH5_{it}$	按照前五大大股东持股比例的十分位分组后的组号。
衡量股利群聚水平的变量	ABD_lead_DPS	朝向行业领先者的每股现金股利群聚指标,用公司与上一年行业领先者平均税后每股股利的绝对离差表示。
	ABD_lead_ratio	朝向行业领先者的股利支付率群聚指标,用公司与上一年行业领先者平均股利支付率的绝对离差表示。
	ABD_herd_DPS	朝向市场普遍水平的每股现金股利群聚指标,用公司税后股利与上一年行业内所有公司平均税后股利的绝对离差表示。
	ABD_herd_ratio	朝向市场普遍水平的股利支付率群聚指标,用公司股利支付率与上一年行业内所有公司平均股利支付率的绝对离差表示。
控制变量	$Size$	公司规模,以公司总资产排名的百分位数排名表示。
	E/A	盈利水平,以公司当年盈利除以期初总资产计算。
	V/A	投资机会,等于公司的市值除以公司总资产的账面价值。
	$Leverage$	负债水平,以总负债占总资产的比重表示。
	$Mean\_Size_{it}$	公司规模,等于 $Size$ 的均值。
	$Mean\_E_{it}\_A_{it}$	盈利水平,等于 E/A 的均值。
	$Mean\_V_{it}\_A_{it}$	投资机会,等于 V/A 的均值。
	$Mean\_Leverage_{it}$	投资机会,等于 $Leverage$ 的均值。

第三节 | 检验过程与结果分析

一、上市公司的股利政策是否迎合了中小股东的需要

图 6-1 描述了我国上市公司是否支付现金股利的决策与流通股溢价之间的关系。首先,股利溢价 $P^{(D-ND)}$ 在大多数年度接近 0 甚至小于 0,由此可见,长期以来我国广大流通股股东对于股利的偏好处于较低水平,所以各年的股利溢价大多为负数,然而实际上有 60% 的上市公司都选择了支付股利,这与股利迎合理论是相互矛盾的,流通股股东的低偏好并没有影响股利政策;其次,$P^{(D-ND)}$ 增减变化与 Omit(上年支付股利而今年不支付的公司比重)变化趋势基本一致,与 Initiate(上年不支付股利而本年支付的公司比重)和 Continue(上年支付股利本年继续支付的公司比重)的变化趋势则恰好相反,这进一步说明公司的股利决策与流通股股东的偏好不仅不一致,甚至是完全背离的,可见上市公司的股利政策没有考虑广大中小股东的偏好。

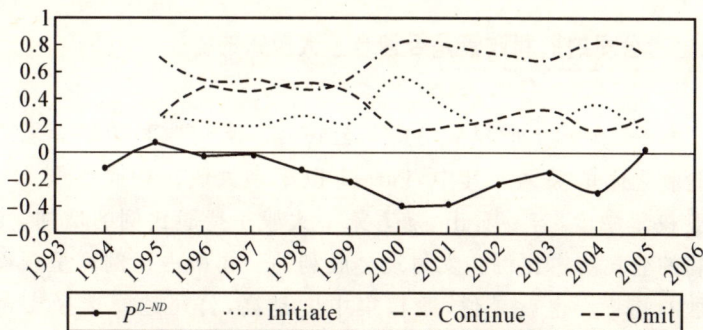

图 6-1 股利溢价 $P^{(D-ND)}$ 与公司是否支付股利的决策

　　图 6-2 显示了我国上市公司的股利溢价与公司支付意愿变化二者之间的关系。如图 6-2 所示,我国上市公司的 PTP 的变化与 $P^{(D-ND)}$ 呈现出一种完全背离的关系。当 $P^{(D-ND)}$ 为负时,PTP 增加,而 $P^{(D-ND)}$ 为正时,PTP 反而减少了,二者变化方向恰好相反。股利溢价与股利支付意愿的波动性的背离关系进一步表明,公司制定现金股利政策时并不迎合流通股股东。仅从中小投资者所持有的流通股角度来看,Baker 和 Wurgler 所提出的股利迎合理论无法解释我国上市公司股利现象。这个结论也与王曼舒和齐寅峰(2005)的实证结论相符。

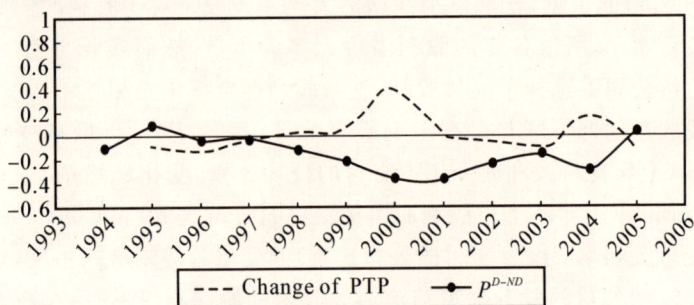

图 6-2　股利溢价 $P^{(D-ND)}$ 与股利支付意愿(PTP)的变化

二、上市公司的股利政策是否迎合了大股东的需要

　　图 6-3 显示了股权集中度与公司是否支付股利和是否采用现金股利之间的关系。其中,Part Ⅰ以第一大股东持股比例 H1 衡量股权集中度,容易看出,随着第一大股东持股比例的增加,支付股利的公司所占比例和支付现金股利的公司所占比例均呈现逐渐增加的趋势。也就是说,股权集中度越高,公司越要选择支付股利,而且越倾向于支付现金股利。Part Ⅱ 中用前五大股东持股数量的 Herfindahl 指数 HH5 衡量股权集中度时,它与股利支付之间

也有类似的关系。

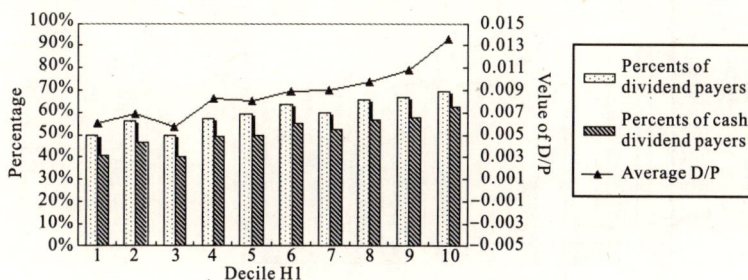

Part Ⅰ第一大股东持股比例（H1）与股利支付

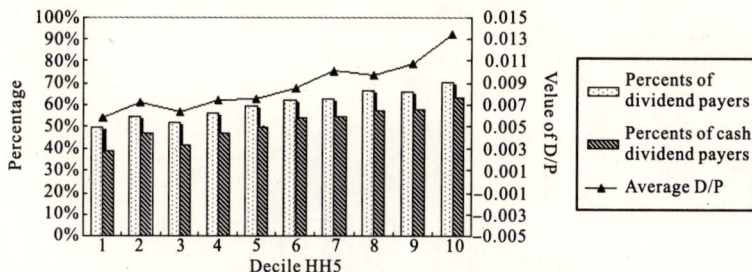

Part Ⅱ前五大股东持股比例的 Herfindahl 指数（HH5）与股利支付

图 6-3　股权集中度与股利支付

　　图 6-4 是股权集中度与股利决策变化的关系。Part Ⅰ显示，随着第一大股东持股比例的增加，上年支付股利今年继续支付的公司比例（Continue）基本上保持在 70％～80％左右的高水平上。但是，上年不支付股利当年选择开始支付股利的公司比例（Initiate）则从 15％激增到 45％以上；而往年支付股利当年停止支付的公司比例（Omit）则从 60％～85％降至 50％以下。Part Ⅱ以前五大股东持股比例的 Herfindahl 指数表示股权集中度时，有相似的结论。总之，股权集中度越高，原来支付股利的公司大多都不会选择停止支付股利，而原来不支付股利的公司越来越倾向于支付股利了。

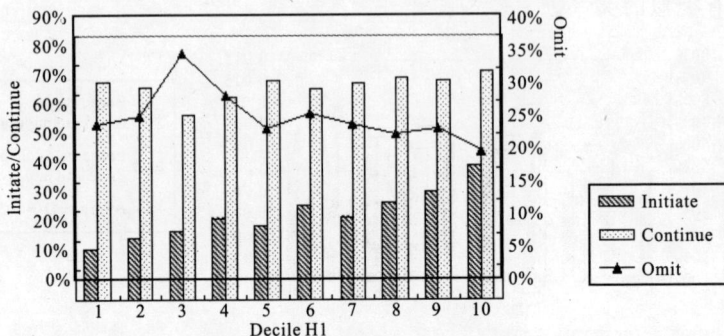

Part Ⅰ第一大股东持股比例（H1）与股利支付选择

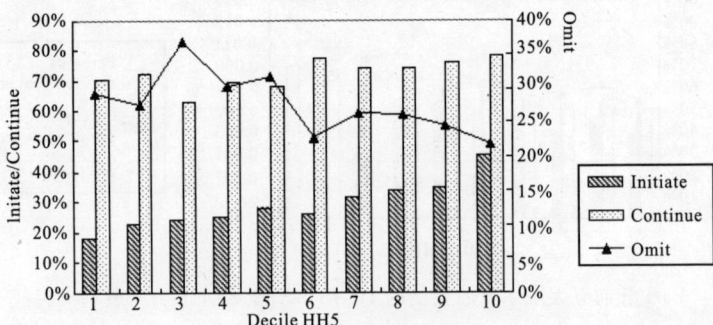

Part Ⅱ前五大股东持股比例的 Herfindahl 指数（HH5）与股利支付选择

图 6-4　股权集中度与股利支付选择

　　表 6-3 列出对假设 H2a 的 logit 回归结果，被解释变量是公司是否支付现金股利，解释变量是公司的股权集中度。表 6-3 的结果表明，在控制了公司规模、投资机会、盈利水平和债务水平之后，无论是以第一大股东持股比例为解释变量，还是以非流通股持股比例作为解释变量，股权集中度与管理者是否支付股利的决策都与股权集中度显著正相关（显著性水平在 1％以上）。换句话说，股权集中的程度越高，公司越倾向于支付股利，这个结果支持了假设 H2a。

表 6-3 是否支付股利与股权集中度的 Logic 回归结果

	符号	回归 1		回归 2	
		系数	X^2 值	系数	X^2 值
Intercept		−0.88	19.34***	−1.72	58.14***
$H1_{it}$	+	0.82	20.42***		
$Ntrdshr_{it}$	+			2.43	91.59***
$SIZE_{it}$	+	1.81	204.40***	1.97	242.76***
V_{it}/A_{it}	−	−0.18	26.27***	−0.23	39.83***
E_{it}/A_{it}	+	26.10	582.51***	26.23	579.44***
$Leverage_{it}$	−	−3.39	284.86***	−3.61	316.88***
Max-rescaled R^2		43.10%		42.19%	
Wald 检验		1 424.91		1 403.69	

注:系数对应的 X^2 值表示对该系数是否为 0 的 Wald 检验的卡方分布统计量。*** 表示在 1% 的水平下显著。回归中加入了年份哑变量和行业哑变量作为控制变量,由于篇幅有限在此不作报告。我们还以前五大股东持股比例的 Herfindahl 指数(HH5)为解释变量进行了回归,结果与 H1 的回归结果非常接近,下文也有类似情况,因此不再赘述。

表 6-4 是股利支付水平与股权集中度的直线回归结果,股利支付水平作为被解释变量,分别以税前每股股利、税后每股股利和股利支付率为代理变量,解释变量为股权集中度,分别以第一大股东持股比例和非流通股持股比例为代理变量。在控制了其他因素之后,6个回归中股利支付水平与股权集中度均在 1% 显著性水平上呈现正相关关系。这个结果有力地支持了假设 H2b,即股权集中度越高,公司支付现金股利金额越高,占盈利的比例就越大。

表 6-4　股利支付水平与股权集中度的直线回归结果

	符号	被解释变量:股利支付水平					
		税前每股股利		税后每股股利		股利支付率	
		回归 1	回归 2	回归 3	回归 4	回归 5	回归 6
常数	?	−0.01 (−0.77)	−0.03 *** (−3.66)	0.01 (−0.06)	−0.02 *** (−2.97)	0.1 *** (3.51)	0.01 (0.41)
$H1_{it}$	+	0.06 *** (7.73)		0.05 *** (7.75)		0.23 *** (8.02)	
$Ntrdshr_{it}$	+		0.09 *** (9.12)		0.08 *** (9.00)		0.34 *** (8.65)
$SIZE_{it}$	+	0.11 *** (21.12)	0.11 *** (23.13)	0.09 *** (20.77)	0.09 *** (22.79)	0.14 *** (7.18)	0.17 *** (8.93)
V_{it}/A_{it}	−	0.01 *** (11.71)	0.01 *** (10.57)	0.01 *** (10.89)	0.01 *** (9.78)	0.01 ** (2.05)	0.01 (1.12)
E_{it}/A_{it}	+	0.08 *** (7.50)	0.07 *** (7.32)	0.06 *** (7.16)	0.06 *** (6.99)	0.01 (0.22)	0.01 (0.06)
$Leverage_{it}$	−	−0.03 *** (−7.01)	−0.03 *** (−7.53)	−0.03 *** (−6.89)	−0.03 *** (−7.42)	−0.15 *** (−8.47)	−0.16 *** (−9.02)
Adj. R^2		14.41%	14.67%	14.51%	14.75%	5.71%	5.84%
F		45.47 ***	46.44 ***	45.85 ***	46.71 ***	17 ***	17.39 ***

注:括号中的数值为 t 检验统计量。*** 表示在 1% 的水平下显著,** 表示在 5% 的水平下显著。回归中加入了年份哑变量和行业哑变量作为控制变量,由于篇幅有限在此不作报告。

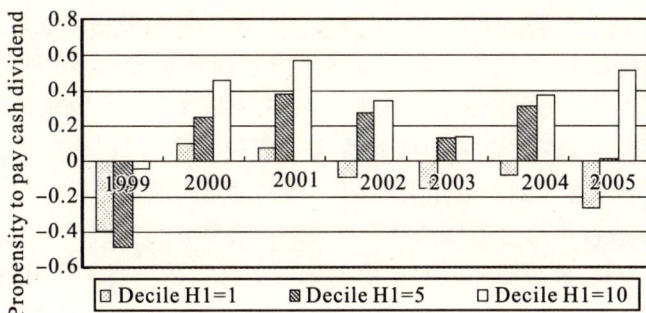

Part Ⅰ　H1 分组与股利支付意愿

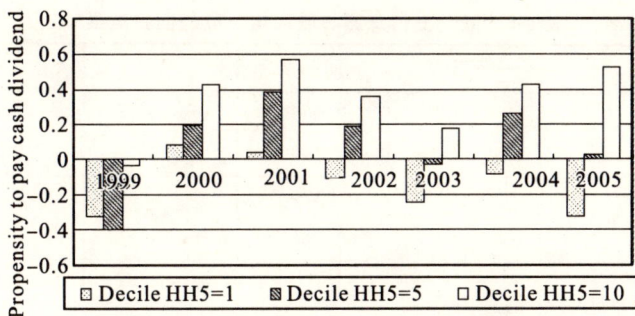

Part Ⅱ　HH5 分组与股利支付意愿

图 6-5　股权集中度与股利支付意愿

　　图 6-5 显示了我国上市公司的股利支付意愿与股权集中度的关系。[①] Fama 和 French(2001)采用股利支付意愿(PTP)来衡量公司

---

　　① PTP 的计算方法中必须以深市的上市公司为样本进行分组计算,每年按照股权集中度的大小分为 10 组,每组计算出一个估计方程,但是 1994 年至 1998 年各年深市的样本数量较少,每年的样本分别分成 10 组之后,每组的样本数小于 30,由此估计出方程系数在统计上不可靠。因此,在考察(现金)股利支付倾向与股权集中度的关系时截去 1994 年至 1998 年,只考虑 1999 年至 2005 年(分 10 组后每组样本数量均大于 30),每年 10 个组,每组计算一个 PTP,1999 年至 2005 年这 7 年间共产生 70 个 PTP。

总体支付股利的倾向,Baker 和 Wurgler(2004b)也采用了这个方法。PTP 的值越大,公司支付股利的意愿或倾向增加,反之则公司支付股利的意愿或倾向减少。从图 6-5 看,无论是以第一大股东持股 H1 表示还是以前五大股东 HH 指数表示股权集中度,都有以下现象:股权集中度最小的第一组公司的股利支付倾向最低,最不倾向于支付股利;股权集中度最高的第十组公司的股利支付倾向最高,最倾向于支付股利;股权集中水平中等的第五组公司的股利支付意愿大小恰好位居第一组与第十组之间。由此可见,股利支付倾向与股权集中度之间存在正相关关系。

表 6-5　股利支付意愿与股权集中度的回归结果

	回归 1	回归 2		
常数	−0.0458 (0.3397)	0.0544 (0.7998)	−0.0675 (0.1598)	−0.0589 (0.7961)
$DecileH1_{it}$	0.0469*** (0.0000)	0.0321** (0.0265)		
$DecileHH5_{it}$			0.0495*** (0.0000)	0.0472*** (0.0040)
$Mean\_V_{it}\_A_{it}$		0.0052 (0.6894)		−0.0046 (0.7529)
$Mean\_Size_{it}$		0.2446 (0.3374)		0.0984 (0.6963)
$Mean\_Et\_At$		−3.1967 (0.2027)		−0.5543 (0.8442)
F 值	37.32***	9.74***	41.79***	10.09***
Adj. R^2	34.49%	33.64%	37.15%	34.52%
样本数	70	70	70	70

注:括号中的数值为 P 值统计量。*** 表示在 1% 的水平下显著,** 表示在 5% 的水平下显著。

　　为了进一步验证股利支付意愿与股权集中度的关系,以下构造直线回归方程进一步验证。表 6-5 列示了方程回归结果,其中解释变量为股权集中度,分别以 H1 和 HH5 分组的组号 DecileH1 和 DecileHH5 来衡量,组号越大则股权越集中。被解释变量为股利支付意愿(PTP)。控制变量分别为各组的公司规模均值、投资机会均值和盈利水平均值。回归结果显示,DecileH1 和 DecileHH5 的系数均为正数,且显著不为 0,可见公司的股权集中度与股利支付倾向的正相关关系是显著的。由此可见,回归分析的结果支持了假设 H2c,即我国上市公司的股利支付倾向与股权集中度成正相关关系,股权越集中,公司支付股利的倾向越强。

　　假设 H2a、H2b 和 H2c 的成立表明,股权集中度对公司的股利支付行为有显著的正向影响。由于我国上市公司大股东的现金偏好十分突出,在此股权集中度作为股东偏好的代理变量。因此,上述结果表明,上市公司管理者制定的股利政策的确是为了迎合大股东的偏好。

三、上市公司的股利群聚程度与股权集中度之间的关系

　　那么,大股东的偏好与我国上市公司的股利"群聚"现象存在怎样的关系呢? 表 6-6 是股利支付水平群聚程度与股权集中度的多元线性回归结果。数据表明,股权集中度与上市公司股利支付水平的离散程度呈现负相关关系,股权越集中,则公司股利的离散程度越低,即股利"群聚"的程度越高。其中,第一大股东持股比例 H1 和非流通股持股比例 Ntrdshr 与相对行业普遍水平的税前每股股利离散程度和股利支付率离散程度呈现显著的负相关关系,显著性水平在 10% 以上,表明上市公司的股权越集中,股利的群聚程度越高,二者显著相关;虽然 H1 和 Ntrdshr 与相对行业领先者的税前每股股利离散程度以及股利支付率离散程度之间的回归系数在统计上不显著,但是回归系数的符号也是负号,由此可见,上市公司的股权集中

度与股利支付水平离散程度的负相关关系是稳定的,股权越集中,股利的群聚程度就越高。上述研究结果支持了假设 H3。

表 6-6　股利支付水平的离散程度与股权集中度的回归结果

	因变量							
	税前每股股利的离散程度				股利支付率的离散程度			
	$ABD\_herd\_DPS_{it}$		$ABD\_lead\_DPS_{it}$		$ABD\_herd\_ratio_{it}$		$ABD\_head\_ratio_{it}$	
常数	0.143***	0.146***	0.157***	0.161***	0.523***	0.553***	0.514***	0.535***
	(25.610)	(22.620)	(23.720)	(21.110)	(18.260)	(16.690)	(17.120)	(15.670)
$H1_{it}$	−0.010*		−0.000		−0.027*		−0.036	
	(−1.750)		(−0.010)		(−1.900)		(1.180)	
$Ntrdshr_{it}$		−0.013*		−0.010		−0.079**		−0.023
		(−1.660)		(−1.060)		(−2.010)		(−0.570)
$SIZE_{it}$	−0.014***	−0.015***	−0.024***	−0.024***	−0.172***	−0.175***	−0.155***	−0.150***
	(−3.650)	(−4.070)	(−5.450)	(−5.550)	(−8.980)	(−9.340)	(−7.850)	(−7.770)
V_{it}/A_{it}	0.002**	0.002***	0.000	0.001	−0.015***	−0.014***	−0.018***	−0.017***
	(2.230)	(2.370)	(0.320)	(0.510)	(−3.080)	(−2.740)	(−3.520)	(−3.280)
E_{it}/A_{it}	−0.013**	−0.013**	−0.008	−0.008	−0.164***	−0.163***	−0.092***	−0.089***
	(−2.140)	(−2.200)	(−1.190)	(−1.140)	(−5.430)	(−5.420)	(−2.980)	(−2.870)
F 值	58.97***	58.95***	38.74***	38.79***	19.39***	19.53***	16.43***	16.38***
Adj. R²	0.227	0.227	0.161	0.161	0.085	0.086	0.073	0.072
样本数	5 130	5 130	5 130	5 130	5 130	5 130	5 130	5 130

注:括号中的数值为 t 值统计量。*** 表示在 1% 的水平下显著,** 表示在 5% 的水平下显著,* 表示在 10% 的水平下显著。回归中加入了年份哑变量和行业哑变量作为控制变量,由于篇幅有限,在此不作报告。

综上所述,本章的研究证明:第一,我国上市公司的股利支付与流通股股东的偏好是相背离的,这就是为什么 Baker 和 Wurgler (2004a) 的股利迎合理论不能解释我国上市公司股利支付行为的原因。第二,上市公司的股权越集中,不但支付现金股利的可能性越大,并且可能支付的金额也越多;而且,公司的股权越集中,总体的股利支付倾向越明显。由于大股东(非流通股股东)存在突出的现金股利偏好,因此上述结果表明,管理者制定股利政策是为了迎合大股东的股利偏好。第三,公司的股权越集中,股利支付水平的离散程度越低,即股利"群聚"的程度越高,因此,大股东的偏好对股利"群聚"程度有明显的正向作用。上述证据表明,我国上市公司股利支付没有考虑公司的价值最大化,也没有考虑广大中小股东的利益,仅仅考虑如何迎合大股东的需要。由于大股东具有很强的套现动机,高度股权集中也令他们具备了影响股利决策的能力,因此管理者理性地迎合大股东对现金股利的偏好,导致了上市公司在股利支付上呈现出高度集中的趋势。总之,由于我国上市公司的制度背景,Baker 和 Wurgler(2004a)的股利迎合理论无法解释我国上市公司的股利行为,而管理者对大股东的迎合行为能够较好地说明为什么我国上市公司会出现股利"群聚"现象。

第七章　行为股利理论的联合检验(Tobit 模型)

　　前文的经验证据表明,管理者羊群行为和股利迎合理论都可以解释我国上市公司的股利群聚现象。不过,前文的检验还存在两大问题:首先,管理者羊群行为和迎合行为是否是同时存在的? 如果是,它们对股利的影响如何? 其次,一般对股利支付政策的研究仅采用多元线性回归模型,但其实只有当管理者决定支付时,股利支付额才能够被观察到。如何克服可能存在的样本选择偏差? 本章通过Tobit 模型的应用,对行为股利政策的上述两个理论进行了联合检验,在改进研究方法的同时,也对前文研究结果的稳健性做了进一步验证。

第一节　研究目的与研究假设

　　本章的研究目的有三个:首先,本章是对行为股利政策进行联合检验。在第五章和第六章的研究中分别产生了两个结论:第一个结论是,管理者在股利支付多少的行为中产生了羊群行为,支付多少股利不仅受到行业领先者的影响,还受到行业普遍水平的影响;声誉是产生股利"群聚"现象的原因之一,声誉越高的公司越不可能参与羊群。第二个结论是,管理者股利支付决策中有迎合大股东现金偏好的行为,股权集中度越高,越倾向于支付,支付额越高,股权高度集中也是产生股利群聚现象的原因之一。不过,这些检验都是独立进行的,这存在一个疑点——管理者羊群行为和管理者迎合行为是否同时存在? 从管理者的实际决策来看,二者同时影响股利政策的可能性是存在的。同时考虑管理者羊群行为和管理者迎合行为将会对股利支付带来怎样的影响？前文的研究结论是否依然能够成立？这是本章研究和检验的第一个目的。

其次，本章试图通过构建新的回归模型，对第五章和第六章的研究结果进行稳健性检验，以证实行为股利政策理论对我国上市公司股利"群聚"现象具有稳定的解释能力。

最后，本章试图采用 Tobit 模型来克服前文模型参数估计中可能存在的问题。在制定股利政策时，管理者面临"是否支付"和"支付多少"两个问题。一直以来，相关研究或者是仅研究公司的股利支付水平（如 Elton 和 Gruber，1970；LLSV，2000a 等），或者仅研究公司是否支付股利的二项选择（如 Fama 和 French，2001；Baker 和 Wurgler，2004 等）。但是，把二者强行割裂不仅不符合事实，也会因此导致偏差。从计量方法适用的角度来看，如果研究样本不能代表总体，那么研究就存在样本选择偏差（sample selective bias），大多数股利研究恰恰正是存在这样的问题——股利支付水平只有在公司决定要支付股利时才能观察到。虽然不支付股利也是一种股利决策，但是那些决定不支付股利的样本公司因为无法观察其支付水平，实际上被人为地剔除了——这是数据选择的结果，而不是经济人自我行为的结果。因此，仅用多元线性回归模型和最小二乘法估计模型参数，很可能导致研究结果的偏差。如何克服这一问题？这是本章研究的第三个目的。

本章的研究假设如下：

H1a：上市公司的股利支付水平存在模仿行业领先公司的羊群行为，公司当期股利支付水平与上一期行业领先公司的平均水平正相关。

H1b：上市公司的股利支付水平存在模仿市场普遍支付水平的羊群行为，公司当期股利支付水平与上一期行业内所有公司平均股利水平正相关。

H2a：股权集中程度越高的公司，越可能支付现金股利。

H2b:股权集中程度越高的公司,支付越多现金股利。

H3a:公司的声誉是导致股利群聚现象的原因,声誉越高的公司越不容易参与到股利群聚中。

H3b:管理者迎合大股东是导致股利群聚现象的原因,或者说,高股权集中度使股利群聚现象更容易发生。

第二节　研究方法与研究设计

一、研究方法——Tobit 模型简介

为了对行为股利政策进行联合检验,我们采用 Tobit 模型作为本章的主要研究方法。Tobit 模型是由经济学家 James Tobit 在 1958 年提出的一个计量经济学模型,是对消费者的耐久消费品支出(作为因变量)不能为负数的统计处理。Tobin 将这类变量称为"受限因变量"(limited dependent),而后来的学者也常常将这类模型称为"受限因变量模型"。[①] 受限因变量模型可以分为截断模型(truncated regression model)和审查回归模型(censored regression model)。前者将某个范围内的部分观测值(例如小于某特定值)舍弃,而后者则把无法观测到的那部分样本用某个设定值代替(例如小于 0 的用 0 代替)。通常标准 Tobit 模型是指审查回归模型[②],它的标准形式如下:

[①]　威廉·H.格林著,王明舰、王永宏等译:《经济计量分析》,中国社会科学出版社 2004 年版。

[②]　格林就直接将二者等同起来。他指出:"基于上述讨论的回归模型称为被审查回归模型,或称为 Tobit 模型。"见威廉·H.格林著,王明舰、王永宏等译:《经济计量分析》,中国社会科学出版社 2004 年版。

$$y_i^* = \beta' x_i + \varepsilon_i \tag{7-1}$$

$$y_i = \begin{cases} y_i^*, & y_i^* > 0 \\ 0, & y_i^* \leqslant 0 \end{cases} \tag{7-2}$$

Tobit 模型实际上是 Probit 模型的一个扩展[1]，它的特点在于，解释变量 x_i 是一个可观测的变量，而被解释变量的观测则受到一定条件的限制——当 $y_i^* > 0$ 时，y_i 是可观测变量，它的观测值就是 y_i^*；但当 $y_i^* \leqslant 0$ 时，y_i 则成为不可观测变量，无论 y_i^* 取值如何，y_i 都取 0。

另一种非标准的 Tobit 模型——Tobit Ⅱ 模型比标准 Tobit 模型具有更为广泛的用途，它结合了截断模型和审查模型，已经成为近期统计理论和应用的主题。[2] Tobit Ⅱ 模型引入了"偶然截断"(indicated truncation)的思想，使我们可以同时考虑 y_i^* 和 y_i 的影响因素，这是标准 Tobit 模型无法做到的。Tobit Ⅱ 模型也称为偶然截断模型(indicated truncation model)，或样本选择模型(sample selection model)，它的常见形式如下：

$$y_{1i}^* = x'_{1i}\beta_1 + \varepsilon_{1i} \tag{7-3}$$

$$y_{2i}^* = x'_{2i}\beta_2 + \varepsilon_{2i} \tag{7-4}$$

其中，$y_{1i} = \begin{cases} 1, & y_{1i}^* > 0 \\ 0, & y_{1i}^* \leqslant 0 \end{cases}$，且 $y_{2i} = \begin{cases} y_{2i}^*, & y_{1i}^* > 0 \\ \text{unobservable}, & y_{1i}^* \leqslant 0 \end{cases}$ $\tag{7-5}$

由于 Tobit 模型中解释变量的取值不受限制，而被解释变量的取值受到限制，如果用最小二乘法进行参数估计，无法得到无偏和一致的结果。现实中经常使用的方法是极大似然法和 Hectman(1979)提出的两阶段估计法，前者比较复杂，估计结果较为有效，后者较为简单，但是估计的有效性较前者稍微逊色。目前大多数计量

---

①　达摩达尔·N.古扎拉蒂，林少宫译：《计量经济学基础》，中国人民大学出版社 2000 年版，第 576 页。

②　威廉·H.格林著，王明舰、王永宏等译：《经济计量分析》，中国社会科学出版社 2004 年版，第 771~772 页。格林将其称为样本选择模型。

经济学商业软件包中都带有这两种方法的程序可供使用。本书使用
SAS 软件,采用极大似然法估计。

二、研究设计

　　本章的样本选择以第五章 7 402 个样本为起点(样本选择和剔
除的过程如表 5-1 所示),增加了第一大股东和非流通股股东持股比
例数据后,剔除数据不全的样本,剩余 5 130 个样本,期间为 1996 年
至 2006 年,用于行为股利政策 Tobit Ⅱ模型检验的样本。为了检验
行为股利政策对上市公司股利群聚行为的解释能力,必须将声誉和
代表大股东偏好的股权集中度进行联合检验,此时由于声誉指标的
样本期间仅为 2001 年至 2006 年,所以直接从上述样本中取出 2001
年至 2006 年的 4 025 个样本作为检验样本。

　　在检验管理者羊群行为和管理者迎合行为对股利政策的影响
时,为了克服样本选择偏差,本章采用同时考虑"是否支付"和"支付
多少"的 Tobit Ⅱ模型,对我国上市公司的股利支付情况进行检验。
检验模型设计如下:

$$\text{Prob}(payer_i^* > 0) = \alpha_1 + \beta_{11} Catering_{it} + \beta_{12} Size_{it} + \beta_{13} (E/A)_{it} +$$
$$\beta_{14} (V/A)_{it} + \beta_{15} Leverage_{it} + \varepsilon_{1i} \qquad (7\text{-}6)$$

$$\text{E}(DPS_{it}^* \mid payer_{it} = 1) = \alpha_2 + \beta_{21} Herding_{it} + \beta_{22} Catering_{it} + \beta_{23} Size_{it} +$$
$$\beta_{24} (E/A)_{it} + \beta_{25} (V/A)_{it} + \beta_{26} Leverage_{it} + \varepsilon_{2i}$$
$$(7\text{-}7)$$

$$\text{其中,} payer_{1i} = \begin{cases} 1, payer_{it}^* > 0 \\ 0, payer_{it}^* \leqslant 0 \end{cases} \qquad (7\text{-}8)$$

$$\text{且 } DPS_{it} = \begin{cases} DPS_{it}^*, DPS_{it}^* > 0 \\ unobservable, DPS_{it}^* \leqslant 0 \end{cases} \qquad (7\text{-}9)$$

其中涉及的研究变量定义如表 7-1 所示。

　　在进一步研究上市公司股利群聚现象背后的深层原因时,本章

采用多元直线回归模型来检验声誉和股权集中度与股利离散程度的关系。检验模型设计如下：

$$Cluster_{it} = \alpha + \beta_1 Herding_{it} + \beta_2 Catering_{it} + \beta_3 Size_{it} + \beta_4 (E/A)_{it} + \beta_5 (V/A)_{it} + \beta_6 Leverage_{it} + \varepsilon_i \tag{7-10}$$

其中，Cluster 表示上市公司股利群聚程度的指标，用公司股利支付水平与目标群体股利水平之间差距的绝对值来衡量。详细的变量定义见表 7-1。

表 7-1　Tobit Ⅱ 模型中的主要变量符号、定义及计算方法

符　号			定义及计算
被解释变量	Payer		公司是否支付股利，当支付时，pay-er＝1，否则 payer＝0。
	DPS		公司的税后每股现金股利。
	Cluster	ABD_lead_DPS	模仿行业领先者的每股现金股利羊群指标，用公司与上一年行业领先者平均税后每股股利的绝对离差表示。
		ABD_herd_DPS	模仿市场普遍水平的每股现金股利羊群指标，用公司税后股利与上一年行业内所有公司平均税后股利的绝对离差表示。
解释变量	Herding	Lead_DPS	上一年行业领先者的税后每股现金股利指标，等于规模在行业前 10% 的公司的税后每股现金股利均值。
		Herd_DPS	上一年税后每股现金股利的市场普遍指标，等于行业内所有公司的税后每股现金股利均值。
		Payer_persentage	上一年行业中支付股利公司占行业所有公司的比例。
	Catering	H1	公司第一大股东的持股比例。
		Non_tradable	公司非流通股股东持股比例。

续表

符 号		定义及计算
控制变量	*SIZE*	公司规模,以公司总资产排名的百分位数排名表示。
	E/A	公司盈利水平,以公司当年盈利除以期初总资产计算。
	V/A	公司的投资机会,等于公司的市值除以公司总资产的账面价值。
	Leverage	公司负债水平,以总负债占总资产的比重表示。

第三节 检验过程与结果分析

一、描述性统计

表 7-2 是样本的描述性统计。从表 7-2 中可以看出,我国上市公司行业领先者每股股利水平高于行业普遍水平。非流通股持股比例平均高达 58%,其中第一大股东持股比例平均高达 41%。在 5 130 个样本中,有 2 270 家公司选择支付股利,这些公司所在行业的领先者股利水平高于不支付股利的公司,但行业普遍股利水平略低于不支付股利的公司。在股权集中度方面,支付股利的公司平均第一大股东持股比例和非流通股比例都高于不支付股利的公司。

表 7-2　样本的描述性统计

变量	均值	样本数	中位数	标准偏差	最小值	最大值
全部样本						
DPS	0.052	5 130	0	0.094	0	2.600
Lead_DPS	0.140	5 130	0.132	0.069	0.004	0.480
Herd_DPS	0.127	5 130	0.122	0.044	0.030	0.371
H1	41.05%	5 130	38.93%	16.93%	1.97%	88.58%
Ntrdshr	58.17%	5 130	60.00%	12.94%	0.00%	93.97%
SIZE	0.530	5 130	0.547	0.287	0.001	1.000
E/A	1.920	5 130	1.518	1.311	−0.615	18.338
V/A	0.022	5 130	0.039	0.159	−3.633	0.519
Leverage	53.66%	5 130	52.05%	31.49%	2.11%	750.76%
不支付股利的公司						
DPS	0	2 860	0	0	0	0
Lead_DPS	0.140	2 860	0.129	0.072	0.004	0.480
Herd_DPS	0.132	2 860	0.124	0.049	0.030	0.371
H1	38.60%	2 860	35.50%	16.15%	1.97%	88.58%
Ntrdshr	57.52%	2 860	59.36%	12.95%	0.00%	91.32%
SIZE	0.456	2 860	0.435	0.284	0.001	0.999
E/A	1.991	2 860	1.545	1.419	0.314	18.338
V/A	−0.007	2 860	0.026	0.207	−3.633	0.200
Leverage	59.01%	2 860	55.98%	39.07%	2.11%	750.76%
支付股利的公司						
DPS	0.117	2 270	0.090	0.112	0.000	2.600
Lead_DPS	0.140	2 270	0.133	0.063	0.004	0.480
Herd_DPS	0.121	2 270	0.119	0.036	0.038	0.371
H1	44.13%	2 270	43.54%	17.38%	7.02%	85.00%
Ntrdshr	59.00%	2 270	60.62%	12.87%	0.00%	93.97%
SIZE	0.624	2 270	0.660	0.263	0.001	1.000
E/A	1.830	2 270	1.482	1.156	−0.615	15.353
V/A	0.059	2 270	0.052	0.034	−0.091	0.519
Leverage	46.92%	2 270	47.67%	15.35%	3.00%	84.53%

二、管理者羊群行为和迎合行为影响股利支付的回归分析

　　表7-3列示出关于管理者羊群行为和迎合行为是否影响股利支付决策的回归分析结果。其中,管理者朝向行业领先者股利支付水平的羊群行为对公司的每股税后股利产生显著的正向影响,而且显著性水平达到1％以上,也就是说,前一期行业领先者支付的股利越多,当期本公司也会支付越多。该结论有力地支持了假设H1a,即管理者在制定股利政策的时候,很大程度上参考了之前行业领先公司的股利支付行为,并据此修改了自己的股利决策。管理者朝向行业普遍股利水平的羊群行为与每股税后股利之间也呈正相关关系,但是相关性不显著,这个结论在一定程度上支持假设H1b,即上市公司的股利支付水平存在轻微的模仿市场普遍支付水平的羊群行为,但是在统计上并不显著。

　　同时,表示股权集中度的第一大股东持股比率和非流通股持股比率与每股股利显著正相关(置信水平达到98％),二者与是否支付股利也显著正相关(置信水平超过99％),也就是说,股权集中程度越高的公司越可能支付现金股利,支付股利的金额也越高。这表明,大股东的现金股利偏好显著地影响了公司股利决策,换句话说,管理者在制定股利政策时充分考虑了大股东的需求和偏好,采取了迎合大股东的行为。这一结果支持了假设H2a和H2b。

　　此外,表7-3还表明,公司规模和盈利水平显著地影响股利政策,公司规模越大、盈利水平越高,越倾向于支付,支付的金额也越高,这符合传统股利理论的预期。而公司成长性和负债水平对股利水平有负面影响,也与预期相符合,但只在"是否支付"问题上影响显著,对"支付多少"的影响不显著。

　　总之,从 Tobit Ⅱ 模型的联合检验结果来看,管理者羊群行为和管理者迎合行为对股利政策存在重要的影响。这些结论有力地证明,行为因素是影响股利政策的重要因素,包括管理者羊群行为理论

表7-3　管理者羊群行为和管理者迎合行为对股利支付影响的回归分析

回归	1		2		3		4	
被解释变量	DPS	Payer	DPS	Payer	DPS	Payer	DPS	Payer
常数	0.075*** (<.0001)	-0.695*** (<.0001)	0.065*** (0.001)	-1.025*** (<.0001)	0.085*** (<.0001)	-0.697*** (<.0001)	0.076*** (0.001)	-1.026*** (<.0001)
Lead_DPS	0.111*** (0.003)		0.119*** (0.001)					
Herd_DPS					0.042 (0.616)		0.049 (0.561)	
H1		0.473*** (0.000)			0.034*** (0.008)	0.475*** (0.000)		
Ntrdshr	0.031** (0.015)		0.040** (0.020)	1.132*** (<.0001)			0.041** (0.019)	1.132*** (<.0001)
Sigma	0.099*** (<.0001)		0.099*** (<.0001)		0.099*** (<.0001)		0.099*** (<.0001)	
Rho		-0.422*** (<.0001)		-0.417*** (<.0001)		-0.426*** (<.0001)		-0.420*** (<.0001)
Schwarz Criterion	1 103		1 069		1 111		1 079	

注：括号中的数值为 P 值统计量。*** 表示在 1% 的水平下显著，** 表示在 5% 的水平下显著。

和股利迎合理论在内的行为股利政策假说成立。

三、管理者羊群行为和迎合行为对上市公司股利 "群聚"现象的回归分析

表 7-4 是管理者羊群行为和迎合行为对上市公司股利"群聚"现象解释能力的回归分析。其中,声誉指标 Reputation 和 Fortune 100 代表管理者产生羊群行为的原因,股权集中度指标 H1 和 Ntrd-shr 代表管理者产生迎合行为的原因。上市公司的股利"群聚"程度分别用公司股利支付相对行业领先者平均支付水平的绝对离差 ABD_lead_DPS 和相对行业普遍支付水平的绝对离差 ABD_herd_DPS 来表示。在管理者羊群行为对股利"群聚"现象的解释方面,表 7-4 的结果显示,声誉指标对股利偏离行业普遍支付水平的程度有显著的正面影响,其显著性水平达到 1% 以上,有力地支持了假设 H3a;声誉指标与股利偏离行业领先者支付水平的程度之间的关系虽然在统计上不显著,但是回归系数符号始终为正号,表明二者之间正相关关系较为稳定。声誉指标与公司股利"群聚"程度的正相关关系表明,声誉越好的公司,越不可能出现羊群行为,也就越不可能发生股利"群聚"现象,因此,假设 H3a 成立。在管理者迎合行为对股利"群聚"现象的解释方面,表 7-4 的结果表明,股权集中度指标对公司股利政策偏离行业普遍支付水平的程度有较强的负相关关系,说明股权越集中,股利偏离行业普遍水平越少,也就越可能出现"群聚"现象,这一结果支持假设 H3b。虽然股权集中度指标对股利偏离行业领先者平均水平的程度影响不显著,但回归系数的符号始终为负数,结果基本上符合理论预期。

总之,表 7-4 的回归结果表明,以管理者羊群行为和管理者迎合行为为代表的行为股利政策可以解释为什么上市公司存在股利"群聚"现象。

综上所述,本章是针对包括管理者羊群行为和管理者迎合理论在

表7-4 管理者羊群行为和管理者迎合行为对股利群聚现象的解释

回归	1	2	3	4	5	6	7	8
被解释变量	ABD_lead_DPS	ABD_lead_DPS	ABD_lead_DPS	ABD_lead_DPS	ABD_herd_DPS	ABD_herd_DPS	ABD_herd_DPS	ABD_herd_DPS
常数	0.149*** (<.0001)	0.155*** (<.0001)	0.156*** (<.0001)	0.158*** (<.0001)	0.141*** (<.0001)	0.145*** (<.0001)	0.138*** (<.0001)	0.139*** (<.0001)
Reputation	0.006 (0.137)	0.007* (0.10)			0.019*** (<.0001)	0.019*** (<.0001)		
Fortune100			0.001 (0.827)	0.001 (0.856)			0.028*** (<.0001)	0.028*** (<.0001)
H1	-0.001 (0.898)		-0.008 (0.282)		-0.012** (0.036)		-0.013* (0.057)	
Ntrdshr		-0.012 (0.191)		-0.001 (0.375)		-0.017** (0.023)		-0.010 (0.271)
SIZE	-0.029*** (<.0001)	-0.029*** (<.0001)	-0.022*** (<.0001)	-0.023*** (<.0001)	-0.024*** (<.0001)	-0.025*** (<.0001)	-0.012*** (0.006)	-0.014*** (0.001)

续表

回归	1	2	3	4	5	6	7	8
E/A	0.012	0.013	0.015*	0.015*	0.004	0.005	0.007	0.007
	(0.152)	(0.135)	(0.084)	(0.081)	(0.575)	(0.527)	(0.324)	(0.320)
V/A	0.000	0.000	0.001	0.001	0.001	0.002	0.004***	0.004***
	(0.817)	(0.994)	(0.383)	(0.362)	(0.170)	(0.111)	(0.003)	(0.003)
Leverage	0.018***	0.018***	0.014***	0.014***	0.015***	0.016***	0.010***	0.011***
	(<.0001)	(<.0001)	(0.002)	(0.001)	(<.0001)	(<.0001)	(0.010)	(0.006)
N	5 130	5 130	4 025	4 025	5 130	5 130	4 025	4 025
F	36.81	36.89	19.37	19.35	56.85	56.89	17.67	17.55

注:括号中的数值为 P 值统计量。*** 表示在 1% 的水平下显著,** 表示在 5% 的水平下显著,* 表示在 10% 的水平下显著。

内的行为股利政策所进行的联合检验，同时也是二者与我国上市公司股利"群聚"现象之间关系的稳健性分析。检验分为两个部分：第一部分采用 Tobit 模型以克服分别分析"是否支付"和"支付多少"可能产生的样本选择偏差，并考察管理者羊群行为和管理者的大股东迎合行为同时存在时，二者对我国上市公司股利的支付行为是否仍然具有稳定的解释能力。第二部分则专门针对我国上市公司的股利"群聚"现象，采用多元回归模型，以考察同时存在管理者羊群行为和管理者的大股东迎合行为时，前文的结论是否能够同时成立。通过上述检验，本章得到以下结论：一方面，Tobit 模型回归结果表明，上市公司管理者的股利羊群行为对公司股利支付水平有明显的影响，同时，管理者股利迎合行为对公司的股利支付也呈现显著的正相关关系。管理者行为因素与股利支付水平之间存在的这种稳定相关关系表明，行为因素是影响股利政策的重要因素，行为股利政策的提出有助于解释公司为什么要支付股利。另一方面，管理者羊群行为及迎合行为与上市公司股利"群聚"程度指标的线性回归结果也表明，管理者行为因素与上市公司股利"群聚"存在稳定的相关关系。由此证明，西方传统股利理论所无法解释的上市公司股利"群聚"现象可以用行为股利政策理论加以解释。

第八章　研究结论和启示

前文全面评述了传统股利政策文献,系统地梳理了行为股利政策相关理论,并检验了行为股利政策理论对我国上市公司股利"群聚"现象的解释。本章对全书进行总结,主要说明研究结论,提出研究启示与政策建议,并指出本书的研究局限性和未来的研究方向。

第一节　研究结论

本书首先提出中国上市公司存在股利"群聚"现象,在评述西方传统股利政策文献的基础上,从管理者羊群行为理论和股利迎合理论两个角度,较为系统地归纳了行为股利政策理论,并结合我国的制度背景,尝试利用行为股利政策理论来解释股利"群聚"现象。本书研究的主要结果如下:

第一,管理者的股利羊群行为可以解释我国上市公司股利"群聚"现象。管理者在决定股利支付水平时受到行业普遍水平和行业领先者的影响而产生了羊群行为,行业普遍支付水平或者行业领先者支付水平越高,公司的股利支付水平也越高。但是,管理者在决定是否支付股利时并没有受到这方面的影响。此外,公司的声誉是产生和影响股利羊群行为程度的动因,声誉越高的公司越不可能产生羊群行为,这一结论与管理者羊群行为中"声誉模型"的研究结论是一致的。

第二,股利迎合理论可以解释我国上市公司股利"群聚"现象。管理者的股利支付行为与 Baker 和 Wurgler(2004a、2004b)的理论预期不太一致,并没有迎合所有股东的需求,他们完全没有考虑中小股东的股利需求,而是仅仅迎合了大股东的现金偏好。实证检验表明,上市公司股权越集中,越倾向于支付股利,支付的金额也越高。而且,股权集中度越高,上市公司股利的群聚程度就越高。由此可见,大股东迎合理论可以解释我国上市公司的股利"群聚"现象。

第三,对行为股利政策理论的联合检验表明,通过改换回归方法(Tobit 模型),管理者行为因素与股利支付水平之间存在稳定的相关关系,行为因素是影响股利政策的重要因素,行为股利政策的提出有助于解释公司为什么要支付股利。同时,管理者羊群行为及迎合行为与上市公司股利"群聚"程度指标的线性回归结果也表明,管理者行为因素对上市公司股利"群聚"现象具有稳定的解释能力。

总之,本书的研究证实,管理者的羊群行为和迎合行为在很大程度上解释了我国上市公司的股利支付行为,对声誉和大股东偏好的考虑是管理者支付行为的动因。这一结果表明,行为因素是影响股利政策的重要因素,行为股利政策的提出有助于解释西方传统股利理论所无法解释的上市公司股利"群聚"现象。

第二节 研究启示与政策建议

对"股利之谜"的研究历经半个多世纪的发展,理性人假设开始受到质疑,以往被忽略的人的心理和行为因素逐渐被引入到主流研究中,对股利政策的研究转向更为真实、更为人性化的视角。本书的研究结果表明,公司的股利政策不仅受到传统的财务特征的影响,还受到管理者的自身心理和所在群体的影响,这是一个不可忽视的重要因素。

从宏观政策制定者角度看,要引导上市公司合理配置资源,处理好分配与积累、分配与再投资之间的关系,以增强投资者信心、促进整个资本市场的持续健康发展,就不能忽视上市公司高管的心理和行为因素,而必须通过创造一个公平、公正、公开的市场环境和政策环境来对这些因素进行因势利导,以达到趋利避害的目的。

首先,必须完善上市公司信息披露制度,减少投资者与公司内部之间的信息不对称,增加市场透明度和市场有效性,降低管理者羊群行为产生的可能性。一方面,坏的公司无法仅通过模仿行业领先者的股利支付行为就达到鱼目混珠的目的;另一方面,好的公司由于能够有效地被投资者识别,就能树立形象,缓解来自群体的压力,按照自身实际需要制定股利政策,及时获得资金和发展机会。

其次,必须平稳、有效地推进股权分置改革进程,最终结束非流通股与流通股割裂的现状。因为非流通股和国有股一股独大问题是管理者迎合大股东现象的制度根源,也是管理者在面临现金股利的市场反应不佳和大股东偏好现金的两难问题时无奈选择追随行业普遍支付水平的制度根源。

最后,必须加强投资者法律保护的立法和执法水平,增加大股东和管理者的违规成本,使得管理者在权衡公司长远利益、眼前利益和自己的个人利益时,不至于鼠目寸光,随便牺牲某一部分人的利益去迎合另一部分人的需要。

从公司管理者的角度看,随着我国资本市场和上市公司制度的不断发展和完善,广大投资者也不断成长,对上市公司利润分配看法和观点也从简单幼稚逐渐走向成熟,要制定合理的股利政策,维持公司的长期健康增长,必须加强对自身的心理和行为偏差的认识,并采取有效的措施来减轻其不良影响。一方面,市场透明度的增加和投资者的成熟使得单纯通过模仿其他公司支付行为的手段逐渐难以奏效,而支付股利本身是一种成本很高的信息传递手段,与其追随他人,或是迎合大股东需要,不如踏踏实实走自己的路。另一方面,主动选择适合自身发展的股利政策,而不是在别人后面亦步亦趋,长远来看有助于提高公司声誉,在投资者中树立形象,反过来有助于减轻来自公司内部和外部的压力,有利于公司的长远发展,最终实现公司利益和个人利益的统一。

第三节 ▎ 本研究的局限性与未来的研究

　　本书提出我国上市公司存在股利"群聚"现象,并从行为股利政策理论角度进行研究,指出其背后的原因在于管理者存在羊群行为和大股东迎合行为。但是,本书的立足点局限于仅从经验研究的角度探讨行为股利政策对股利"群聚"现象的影响,未能进一步构建一个正式模型来描述管理者行为因素,特别是管理者羊群行为因素对股利政策的影响。此外,虽然管理者羊群行为理论和迎合理论是行为股利政策理论中的两个最重要的组成部分,但除此之外仍然存在其他的行为和心理因素可能影响公司的股利支付,例如管理者过度自信。而且,心理和行为因素也只是影响股利的诸多因素中的一种,新近的研究开始注意到政治关系和社会资本也可能对股利政策产生影响。这些研究都可能成为未来理论和实证研究的方向。

参考文献

一、中文文献

[1]阿斯瓦斯·达摩达兰著,郑振龙等译:《应用公司理财》,机械工业出版社 2000 年版。

[2]陈信元、陈冬华、时旭:《公司治理与现金股利——基于佛山照明的案例研究》,载《管理世界》2003 年第 8 期。

[3]达摩达尔·N.古扎拉第,林少宫译:《计量经济学基础》,中国人民大学出版社 2000 年版。

[4]戴维·迈尔斯著,张志勇、乐国安、侯玉波等译:《社会心理学》,人民邮电出版社 2006 年版。

[5]威廉·H.格林著,王明舰、王永宏等译:《经济计量分析》,中国社会科学出版社 2004 年版。

[6]刘淑莲、胡燕鸿:《中国上市公司现金分红实证分析》,载《会计研究》2003 年第 4 期。

[7]吕长江、韩慧博:《股利分配倾向研究》,载《经济科学》2001 年第 6 期。

[8]吕长江、王克敏:《上市公司股利政策的实证分析》,载《经济研究》1999 年第 12 期。

[9]吕长江、王克敏:《上市公司资本结构、股利分配及管理股权比例相互作用机制研究》,载《会计研究》2002 年第 3 期。

[10]斯蒂芬·P.罗斯等著,吴世农、沈艺峰、王志强译:《公司理财》,机械工业出版社 2000 年版。

[11]沈艺峰、沈洪涛:《公司财务理论主流》,东北财经大学出版社 2004 年版。

[12]沈艺峰、许琳、黄娟娟:《我国股权分置中对价水平的"群聚"

现象分析》,载《经济研究》2006年第11期。

　　[13]泰勒、佩普劳、希尔斯著,谢晓非等译:《社会心理学》,北京大学出版社2004年版。

　　[14]伍利娜、高强、彭燕:《中国上市公司"异常高派现"影响因素研究》,载《经济科学》2003年第3期。

　　[15]原红旗:《上市公司股利政策分析》,载《财经研究》2001年第3期。

　　[16]肖珉:《自由现金流量、利益输送与现金股利》,载《经济科学》2005年第2期。

　　[17]王曼舒、齐寅峰:《现金股利与投资者偏好的实证分析》,载《经济问题探索》2005年第12期。

　　[18]威廉·L.麦金森,刘明辉主译:《公司财务理论》,东北财经大学出版社2002年版。

二、英文文献

　　[1]Allen, F. , Michaely, R. , Dividend Policy. In: Jarrow, R. , Maksimovic, V. , Ziemba, W. (Eds.), *Handbooks in Operations Research and Management Science: Finance*, North-Holland, Amsterdam, 1995.

　　[2]Ang, J. S. , Dividend Policy: Informational Content or Partial Adjustment? *Review of Economics and Statistics* 57, 1975.

　　[3]Asquith, P. , Mullins, J. and David, W. , The Impact of Initiating Dividend Payments on Shareholders' Wealth, *Journal of Business* 56, 1983.

　　[4]Bhattacharya, S. , Imperfect Information, Dividend Policy, and "The Bird in the Hand" Fallacy, *Bell Journal of Economics* 10, 1979.

　　[5]Bhattacharya, Dividend Policy: a Review, *Managerial Finance* 33, 2007.

〔6〕Bagwell, L. S. , and Shoven, J. B. , Cash Distributions to Shareholders,*Journal of Economic Perspectives* 3,1989.

〔7〕Baker, H. K. ,Farrell,G. E. and Edelman,R. B. ,A Survey of Management Views on Dividend Policy,*Financial Markets* 14, 1985.

〔8〕Baker, H. K. ,Veit,E. T. and Powell,G. E. ,Revisiting the Dividend Puzzle:Do All of the Pieces Now Fit? *Review of Financial Economics* 11,2002.

〔9〕Baker,M. ,Ruback,R. S. ,and Wurgler,J. ,Behavioral Corporate Finance: A Survey, Working Paper, Harvard Business School,2004.

〔10〕Baker, M. and Wurgler, J. , A Catering Theory of Dividends,*Journal of Finance* 3,2004a.

〔11〕Baker,M. and Wurgler,J. ,Appearing and Disappearing of Dividends:the Link to Catering Incentives,*Journal of Financial Economics* 73,2004b.

〔12〕Banerjee,A. V. ,A Simple Model of Herd Behavior,*Quarterly Journal of Economic* 107,1992.

〔13〕Bar-Yoesf, S. and Venezia, I. , Earnings Information and the Determination of Dividend Policy, *Journal of Economics and Business* 43,1991.

〔14〕Benartzi,S. ,Michaely,R. and Thaler,R. ,Do Changes in Dividends Signal the Past or the Future? *Journal of Finance* 52, 1997.

〔15〕Benito, A. and Young,G. Hard Times or Great Expectations:Dividend Omissions and Dividend Cuts by UK Firms,*Oxford Bulletin of Economics and Statistics* 65,2001.

〔16〕Bernhardt, D. , Campello, M. , and Kutsoati, E. , Who Herds? *Journal of Financial Economics* 80,2006.

[17]Bikhchandani,S. ,Hirshleifer,D. ,and Welch,I. ,A Theory of Fads,Fashion,Custom,and Cultural Change as Informational Cascades,*Journal of Political Economy* 100,1992.

[18]Bikhchandani,S. ,Hirshleifer,D. ,and Welch,I. ,Informational Cascades and Rational Herding:An Annotated Bibliography, UCLA/Andersn and Michigan,Working Paper,1996,downloadable at http://next. agsm. ucla. edu.

[19]Bikhchandani, S. , and sharma, S. , Herd Behavior in Financial Markets, Working Paper, IMF (International Monetary Fund)Staff Papers 47,2001.

[20] Black, F. , The Dividend Puzzle, *Journal of Portfolio Management* 2,1976.

[21]Black, F. , and Scholes, M. S. , The Effects of Dividend Yield and Dividend Policy on Common Stock Prices and Returns, *Journal of Financial Economics* 1,1974.

[22]Brennan,M. ,Taxes,Market Valuation and Financial Policy,*National Tax Journal* 23,1970.

[23]Brown,C. N. ,Gordon,L. A. ,and Wermers,R. R. ,Herd Behavior in Voluntary Disclosure Decisions:An Examination of Capital Expenditure Forecasts, Working Paper, University of Southern California,2006.

[24]Bulan,L. T. ,Subramanian,N. ,and Tanlu,L. D. ,On the Timing of Dividend Initiations,Working Paper,Brandies University,International Business Schoo,2004.

[25] Chamley, C. and Gale, D. , Information Revelation and Strategic Delay in a Model of Investment,*Econometrica* 62,1994.

[26]Chang,E. C. ,Cheng,J. W. ,and Khorana,A. ,An Examination of Herd Behavior in Equity Markets:An International Perspective,*Journal of Banking and Finance* 24,2000.

[27]Christie,W. G. , Are Dividend Omissions Truly the Crue-
lest Cut of All? *Journal of Financial and Quantitative Analysis*
29,1994.

[28] Christie, W. G. , and Huang, R. D. , Following the Pied
Piper:Do Individual Returns Herd around the Market? *Financial
Analysts Journal* (July-August),1995.

[29]Crutchley,C. E. and Hansen,R. S. , A Test of the Agency
Theory of Managerial Ownership,Corporate Leverage,and Corpo-
rate Dividends,*Financial Management* 18,1989.

[30]DeAngelo,H. ,DeAngelo,L. ,and Skinner,D. J. , Are Div-
idends Disappearing? Dividend Concentration and the Consolidation
of Earnings,*Journal of Financial Economics* 72,2004.

[31] Demsetz, H. and Lehn, H. , The Structure of Corporate
Ownership: Causes and Consequences,*Journal of Political Econo-
my* 93,1985.

[32]Demsetz,K. and Villalonga,Y. ,Ownership Structure and
Corporate Performance,*Journal of Corporate Finance* 7,2001.

[33]Denis,D. J. ,Denis,K. D. ,and Sarin,A. , The Information
Content of Dividend Changes:Cash Flow Signaling,Overinvestment
and Dividend Clienteles,*Journal of Financial and Quantitative A-
nalysis* 29,1994.

[34]Denis,D. J. and Osobov,I. ,Why Do Firms Pay Dividends?
International Evidence on the Determinants of Dividend Policy,
Journal of Financial Economics 89,2008.

[35]Devernow,A. and Welch,I. ,Rational Herding in Financial
Economics,*European Economic Review* 40,1996.

[36]Deutsch,M. and Gerard H. , B. , A Study of Normative
and Informational Social Influence Upon Individual Judgment,
Journal of Abnormal and Social Psychology 51,1955.

[37]Devenow,A. and Welch,I. ,Rational Herding in Financial Economics,*European Economic Review* 40,1996.

[38]Dong,M. ,Robinson,C. and Veld,C. ,Why Individual Individuals Want Dividends,*Journal of Corporate Finance* 12,2005.

[39]Easterbrook, F. H. , Two Agency-Cost Explanations of Dividends,*American Economic Review* 74,1984.

[40]Elton,J. E. and Gruber,M. J. ,Marginal Stockholder Tax Rates and the Clientele Effect,*Review of Economics and Statistic* 52,1970.

[41]Fama,E. F. and H. Babiak. ,Dividend Policy:An Empirical Analysis,*Journal of the American Statistical Association* 63, 1968.

[42]Fama, E. F. ,Fisher, L. ,Jensen, M. C. and Roll,R. ,The Adjustment of Stock Prices to New Information,*International Economic Review* 10,1969.

[43]Fama, E. F. and French,K. R. ,Disappearing Dividends: Changing Firm Characteristics or Lower Propensity to Pay? *Journal of Financial Economics* 60,2001.

[44]Farrar,D. and Selwyn,L. ,Taxes,Corporate Financial Policy and Return to Investors,*National Tax Journal* 12,1967.

[45]Ferris, S. P. , Nilanjan, S and Yui, H. P. , God Save the Queen and Her Dividends:Corporate Payouts in the U. K,*Journal of Business* 79,2006.

[46]Frankfurter,G. ,Kosedag,A. ,Schmidt,H. and Topalov, M. ,The Perception of Dividends by Management,*Journal of Psychology and Financial Markets* 3,2002.

[47]Frankfurter,G. M. and Wood Jr. ,B. G. ,Dividend Policy Theories and Their Empirical Tests,*International Review of Financial Analysis* 11,2002.

[48]Gordon, M. J. , Dividends, Earnings and Stock Prices, *Review of Economics and Statistics* XLI, 1959.

[49]Gordon, M. J. , The Investment, Financing and Valuation of the Corporation, Homewood, Illinonis: Richard D. Iriwin, 1962.

[50]Gordon, M. J. , Optimal Investment and Financial Policy, *Journal of Finance* 18, 1963.

[51]Graham, J. , Herding among Investment Newsletters: Theory and Evidence, *Journal of Finance* 54, 1999.

[52] Greene, W. , *Econometric Analysis*, 5th edition, Prentice Hall, 2003.

[53] Grinblatt, M. , Titman, S. and Wermers, r. , Momentum Investment Strategies, Portfolio Performance and Herding: A Study of Mutual Fund Behavior, *American Economic Review* 85, 1995.

[54] Gugler, K. and Yurtoglu, B. , Corporate Governance and Dividend Pay-out Policy in Germany, *European Economic Review* 47, 2003.

[55]Gurtler, M. and Hartmann, N. , Behavior Dividend Policy, Working Paper, cofar. uni-mainz. de, 2003.

[56]Higgins, R. C. , The Corporate Dividend-Saving Decision, *Journal of Financial and Quantitative Analysis* 7, 1972.

[57]Hirshleifer, D. and Teoh, S. H. , Herd Behavior and Cascading in Capital Markets: a Review and Syntheses, *European Financial Management* 9, 2003.

[58]Hirshleifer, D. , Subrahmanyam, A. and Titman, S. , Security Analysis and Trading Patterns when Some Investors Receive Information Before Others, *Journal of Finance* 49, 1994.

[59]Hong, H. , Kubik, J. and Solomon, A. , Security Analysts' Career Concerns and Herding of Earnings Forecasts, *Rand Journal of Economics* 31, 2000.

［60］Holmstrom, B. , Moral Hazard in Team, *Bell Journal of Economics* 13,1982.

［61］Huang, S. and Salmon, M. , A New Measure of Herding and Empirical Evidence, Working Paper, 2001.

［62］Jensen, M. C. , Agency Costs of Free Cash Flow, Corporate Finance, and Takeovers, *American Economic Review* 76,1986.

［63］Jensen, M. C. and Meckling, W. H. , Theory of theFirm: Managerial Behavior, Agency Costs and Ownership Structure, *Journal of Financial Economics* 3,1976.

［64］Jensen, M. C. , Agency Cost of Free Cash Flow, Corporate Finance and Takeover, *American Economic Review* 76,1986.

［65］John, K. and Williams, J. , Dividends, Dilution and Taxes: A Signalling Equilibrium, *Journal of Finance* 85,1985.

［66］Johnson, S. , La Porta, R. , Lopez-de-Silanes, F. , Schleifer, A. , Tunneling, *American Economic Review* 90,2000.

［67］Kahneman, D. and Tversky, A. , Prospect Theory: An Analysis of Decision under Risk, *Econometrica* 47,1979.

［68］Kahneman, D. and Tversky, A. , The Psychology of Preferences, *Scientific American* 247,1982.

［69］Kalay, A. , Signaling, Information Content and the Relutctance to Cut Dividends, *Journal of Financial and Quantitatiove Analysis* 45,1980.

［70］Kalay, A. , The Ex-Dividend Day Behavior of Stock Prices: A Re-Examination of the Clientele Effect, *Journal of Finance* 37,1982.

［71］Kang, J. , Shivdasani, A. , Firm Performance, Corporate Governance and Top Executive Turnover in Japan, *Journal of Financial Economics* 38,1995.

［72］Kinoshita, Y. and Mody, A. , Private Information for Foreign Investment in Emerging Countries,*Canadian Journal of Economics* 34,2001.

[73]Lakonishok,J. ,Shleifer,A. and Vishny,R. W. ,The Impact of Institutional Trading on Stock Prices,*Journal of Financial Economics* 32,1992.

[74]Lang,L. and Litzenberger,R. ,Dividend Announcements: Cash-flow Signaling vs. Free Cash Flow Hypothesis? *Journal of Financial Economics* 24,1989.

[75]La Porta,R. ,Lopez-de-Silanes,F. ,Schleifer,A. ,Corporate Ownership around the World,*Journal of Finance* LIV,1999.

[76]La Porta,R. ,Lopez-de-Silanes,F. ,Schleifer,A. and Vishny,R. ,Agency Problems and Dividend Policies around the World, *Journal of Finance* 55,2000a.

[77]La Porta,R. ,Lopez-de-Silanes,F. ,Schleifer,A. and Vishny,R. ,Investor Protection and Corporate Governance,*Journal of Financial Economics* 58,2000b.

[78]Lewellen,W. G. ,Stanley,K. L. ,Lease,R. C. and Schlarbaum,G. G. ,Some Direct Evidence on the Divident Clientele Phenomenon,*Journal of Finance* 33,1978.

[79]Lee,I. H. ,On the Convergence of Informational Cascades,*Journal of Economics Theory* 61,1993.

[80]Lee,C. W. and Xiao,X. ,Tunneling Dividends, Working Paper,2006.

[81]Lewellen,W. G. ,Stanley,K. L. ,Lease,R. C. and Schlarbaum,G. G. ,Some Direct Evidence on the Dividend Clientele Phenomenon,*Journal of Finance* 33,1978.

[82]Li,W. and Lie,E. ,Dividend Changes and Catering Incentives,*Journal of Financial Economics* 80,2006.

[83]Lintner,J. ,Distribution of Incomes of Corporations A-

mong Dividends, Retained Earnings and Taxes, *American Economic Review* 46,1956.

[84] Litzenberger, R. H. and Ramaswamy, K. , The Effect of Personal Taxes and Dividends on Capital Asset Prices Theory and Empirical Evidence, *Journal of Financial Economics* 7,1979.

[85] Litzenberger, R. H. and Ramaswamy, K. , Dividends, Short Selling Restrictions, Tax-Induced Investor Clienteles and Market Equilibrium, *Journal of Finance* 35,1980.

[86] Litzenberger R. H. and Ramaswamy, K. , The Effects of Dividends on Common Stock Prices Tax Effects or Information Effects? *Journal of Finance* 37,1982.

[87] Loderer, C. F. and Mauer, D. C. , Corporate Dividends and Seasoned Equity Issues: An Empirical Investigation, *Journal of Finance* 47,1992.

[88] Long, J. , The Market Valuation of Cash Dividends, *Journal of Financial Economics* 6,1978.

[89] Manuel, T. A. , Brooks, L. D. and Schadler, F. P. , Common Stock Price Effects of Security Issues Conditioned by Current Earnings and Dividend Announcements, *Journal of Business* 66,1993.

[90] Maury, B. and Pajuste, A. , Agency Conflicts in Public and Negotiated Transfers of Corporate Control, *Journal of Finance* 55, 2002.

[91] Michel, A. , Industry Influence on Dividend Policy, *Financial Management* 8,1979.

[92] Miller, M. H. , Behavioral Rationality in Finance: The Case of Dividends, *Journal of Business* 59,1986.

[93] Miller, The Modigliani-Miller Propositions after Thirty Years, *Journal of Economic Perspectives* 2,1988.

[94] Miller, M. H. and Grundy, B. D. , *Selected Works of Mer-*

ton H. Miller: A Celebration of Markets, University of Chicago Press, 2002.

[95]Miller, M. H. and Modigliani, F. , Dividend Policy, Growth and the Valuation of Shares, *Journal of Business* 34, 1961.

[96]Miller, M. H. and Rock, K. , Dividend Policy under Asymmetric Information, *Journal of Finance* 40, 1985.

[97]Miller, M. H. and Scholes, M. S. , Dividends and Taxes: Some Empirical Evidence, *Journal of Political Economy* 90, 1982.

[98]Miller, M. H. and Shiller, R. J. , Behavioral Rationality in Finance: The Case of Dividends, *Journal of Business* 59, 1986.

[99] Modigliani, F. and Miller, M. H. , The Cost of Capital, Corporation Finance and the Theory of Investment: Reply, *American Economic Review* 49, 1959.

[100]Patel, J. , Zeckhauser, R. and Hendricks, D. , The Rationality Struggle: Illustrations from Financial Markets, *American Economic Review* 81, 1991.

[101] Pettit, R. R. , Dividend Announcements, Security Performance and Capital Market Efficiency, *Journal of Finance* 27, 1972.

[102]Pettit, R. R. , Taxes, Transactions Costs and the Clientele Effect of Dividends, *Journal of Financial Economics* 5, 1977.

[103] Poterba, J. M. , The Market Valuation of Cash Dividends: the Citizens Utilities Case Reconsidered, *Journal of Financial Economics* 15, 1986.

[104]Prendergast, C. and Stole, L. , Impetuous Youngsters and Jaded Old, Timers Acquiring a Reputation for Learning, *Journal of Political Economy* 104, 1996.

[105]Rozeff, M. S. . Growth, Beta and Agency Costs as Determinants of Dividend Payout Ratios, *Journal of Financial Research*

5,1982.

[106]Scharfstein,D. S. and Stein,J. C. ,Herd Behavior and Investment,*American Economic Review* 80,1990.

[107]Shefrin, H. M. , Behavioral Corporate Finance, *Journal of Applied Corporate Finance* 14,2001,available at SSRN:*http://ssrn. com/abstract*=288257.

[108]Shefrin, H. M. and Statman, M. , Explaining Investor Preference for Cash Dividends, *Journal of Financial Economics* 13,1984.

[109]Shefrin,H. M. and Thaler,R. H. The Behavioral Life-Cycle Hypothesis,*Economic Inquiry* 26,1988.

[110]Shefrin,H. M. ,Behavior Corporate Finance,*Journal of Applied Corporate Finance* 14, 2001. Available at SSRN:*http://ssrn. com/abstract*=288257.

[111]Shiller,R. J. ,Stock Prices and SocialDynamics,*Brookings Papers on Economic Activity* 2,1984.

[112]Shiller,R. J. , Conversation,Information and Herd Behavior,*American Economic Review* 85,1995.

[113]Schleifer,A. and Vishny,R. W. ,Large Shareholders and Corporate Control,*Journal of Political Economy* 94,1986.

[114]Schleifer,A. and Vishny,R. W. ,A Survey of Corporate Governance,*Journal of Finance* 52,1997.

[115]Stein,J. C. ,Rational Capital Budgeting in an Irrational World,*Journal of Business* 69,1996.

[116]Stickel, S. E. , Predicting Individual Analyst Earnings Forecasts,*Journal of Accounting* 28,1990.

[117]Su,Dongwei,Corporate Finance and State Enterprise Reform inChina, Working Paper,University of Akron,2000.

[118]Thaler, R. , Toward a Positive Theory of Consumer

Choice, *Journal of Economic Behavior and Organization* 1,1980.

[119]Thaler,R. and Shefrin,H. ,An Economic Theory of Self-Control, *Journal of Political Economy* 89,1981.

[120]Trueman,B. ,On the Incentives for Security Analysts to Revise their Earnings Forecasts, *Contemporary Accounting Research* 7,1990.

[121]Trueman, B. , AnalystForecasts and Herding Behavior, *Review of Financial Studies* 7,1994.

[122]Venkatesh,P. C. ,The Impact of Dividend Initiation on the Information Content of Earnings Announcements and Returns Volatility, *Journal of Business* 62,1989.

[123]Volpin, P. F. , Governance with Poor Investor Protection: Evidence from Top Executive Turnover in Italy, *Journal of Financial Economics* 64,2002.

[124] Walter, J. E. , Dividend Policies and Common Stock Prices, *Journal of Finance* 11,1956.

[125]Watts,R. ,The Information Content of Dividends, *Journal of Business* 46,1973.

[126] Welch, I. , Sequential Sales, Learning and Cascades, *Journal of Finance* 47,1992.

[127]Welch,I. ,Herding among Security Analysts, *Journal of Financial Economics* 58,2000.

[128]Wermers, R. , Herding, Trade Reversals and Cascading by Institutional Investors,mimeo,University of Colorado,Boulder, 1995.

[129]Wermers, R. ,Mutual Fund Herding and the Impact on Stock Prices, *Journal of Finance* 54,1999.

[130]Williams,J. B. , *The Theory of Investment Value* ,Harvard University Press,1938.

[131]Yoon,P. S. and Starks,L. T. ,Signaling,Investment Op-portunities and Dividend Announcements, *Review of Financial Studies* 8,1995.

[132]Zweibel,J. ,Corporate Conservatism and Relative Com-pensation,*Journal of Political Economy* 103,1995.

后　记

当我放下笔，最后完成本书的写作时，在感觉如释重负的同时，又觉得有些遗憾。几年的研究工作虽然基本上完成了预期目标，然而由于自己学术上"修行"尚浅，仍然存在许多不够令人满意之处，只能留待今后继续努力。

一路走来，我最需要感谢的是我的老师厦门大学沈艺峰教授。多年来，他倾注了大量心血教导和培养我，引领我逐步跨入财务学研究的殿堂，使我渐渐得以领略财务学的博大精深和学术研究之美。沈老师不仅是我学术上的良师，也是我人生的楷模，他渊博的学识、严谨的治学态度，朗如日月、清如水静的人格魅力每每令我敬佩不已，感动万分。今后若能在学术上有所成就，首先应该归功于老师对我的教导和帮助。

其次，我也要深深地感谢厦门大学管理学院曾经给予我教导和鼓励的吴世农教授、李长青教授、王志强教授、洪熙锡教授，他们对我的教诲令我受益终生。感谢孙谦教授，与他的合作其实更像是一种学习和修炼，让我进一步体会研究过程中如何整理思路、提炼问题、解决问题，使我得以一窥学术研究的严谨艰辛和无穷乐趣。另外，还要感谢同门好友肖珉、游家兴、陈舒予、宋菁、李培功、醋卫华，与他们讨论、交流和合作是我学术生涯中最快乐的时光之一。

再次，我还要感谢厦门大学经济学院的领导和同事，感谢他们在教学和科研工作中帮助支持我，为我提供了良好的科研环境和发展平台。感谢德国 Furtwangen 大学的 Hoch 教授和 Li Fang-Heck 教授，在德国访学期间，他们为我提供了良好的研究和学术交流环境。

本书的出版得到了国家自然科学基金（71002041、71772053、

71062003、71102060)的资助,在此,我对国家自然科学基金委表示真诚的感谢。同时也要感谢厦门大学计量经济学教育部重点实验室和福建省统计科学重点实验室的支持。

最后,我还要深深感谢为我默默奉献的父母、丈夫和小女儿,他们的支持和谅解,使我得以潜心科研。

谨将本书献给所有关心和支持我的人,以此表达我诚挚的感谢!

黄娟娟
2011 年 12 月

图书在版编目(CIP)数据

行为股利政策/黄娟娟著. —厦门:厦门大学出版社,2012.5
（经管学术文库）
ISBN 978-7-5615-4266-8

Ⅰ.①行…　Ⅱ.①黄…　Ⅲ.①上市公司－企业利润－分配(经济)
－研究　Ⅳ.①F276.6

中国版本图书馆 CIP 数据核字(2012)第 085918 号

厦门大学出版社出版发行
（地址:厦门市软件园二期望海路 39 号　邮编:361008）
http://www.xmupress.com
xmup @ xmupress.com
沙县方圆印刷有限公司印刷
2012 年 5 月第 1 版　2012 年 5 月第 1 次印刷
开本:889×1240　1/32　印张:5.75　插页:1
字数:168 千字　印数:1～1 200 册
定价:20.00 元
本书如有印装质量问题请直接寄承印厂调换